LA CUISINE DU KÂMA SÛTRA ET AUTRES DÉLICES D'ASIE

LA CUISINE DU KÂMA SÛTRA ET AUTRES DÉLICES D'ASIE

• • CHIHIRO MASUI • •

Photographies Richard Haughton
Stylisme Lala Andrianarivony

chêne

SOMMAIRE

Toutes les recettes de ce livre sont
pour deux personnes, sauf lorsque d'autres quantités sont indiquées.

AVANT-PROPOS

**La première année,
nous faisions l'amour plusieurs fois par jour.
La deuxième année, une fois par jour.
La troisième année,
plusieurs fois par semaine.
La quatrième année, notre enfant est né.
La dixième année,
quelques fois par mois…**

Notre amour a changé. Il est moins physique, plus spirituel. Nos corps se connaissent. Ils savent ce que l'autre aime, ce qu'il désire. Nous n'avons plus de secrets. Nous sommes les meilleurs amants l'un pour l'autre. Finies les maladresses des premiers temps. Mais finis également la découverte, le mystère, l'excitation du nouveau…

Depuis la nuit des temps, les penseurs de l'Inde se sont penchés sur la nature du monde et de la place de l'homme dans ce monde. Dans la société humaine, la vie doit poursuivre trois buts : la prospérité matérielle (Artha) qui assure la survie, le plaisir érotique (Kâma) qui assure la transmission de la vie, et la morale (Dharma) qui assure la cohésion de la société.

Le Kâma Sûtra est une compilation de ces pensées, rédigée par Mallanaga Vâtsyâyana un Brahmane dont on ne connaît pratiquement rien, qui vécut entre le IVe et VIe siècle de notre ère. Lui-même cite différents maîtres beaucoup plus anciens, certains relevant de la mythologie et de la religion. Ce n'est pas, comme on le pense généralement, une série de positions sexuelles. C'est tout un art de vivre, de s'aimer. Tous les sujets y sont abordés, que ce soient les baisers, les étreintes, les morsures, la fellation, l'homosexualité, le sexe en groupe, les devoirs de l'épouse ou comment séduire l'épouse d'un autre. C'est loin d'être un recueil pornographique. Ce n'est même pas très drôle à lire…

Le Kâma Sûtra sera commenté et expliqué par divers penseurs à travers les siècles, dont Yashodhara, au Moyen-Âge. La première traduction occidentale est généralement attribuée à Sir Richard Francis Burton, et date de 1876 mais ne deviendra légale qu'en 1963.

Si dans le temps, le Kâma Sûtra est le traité d'érotisme le plus connu, il en existe bien d'autres en Chine, au Japon, dans la Rome Antique et dans les sociétés arabo-musulmanes. Mais pas en Occident. Est-ce l'influence judéo-chrétienne ? Je n'en sais rien. Vivons-nous dans une société « coincée » ? Sans aucun doute.

J'ai toujours pensé que le sexe et la nourriture étaient étroitement liés. On ne peut pas vivre sans manger et l'espèce ne peut pas survivre sans le sexe. Mais l'homme est le seul animal à avoir étudié, expérimenté, appris et développé le plaisir de l'alimentation que l'on appelle la gourmandise, et le plaisir sexuel que j'appellerai ici le jeu érotique. D'une façon très simpliste, je l'avoue, j'ai toujours vu une sorte d'analogie entre l'acte de manger et l'acte sexuel. Après tout, du point de vue de la femme, ce sont tous deux des pénétrations. Ne dit-on pas que la femme gourmande l'est également au lit ? Quelle différence y a-t-il entre la fellation et manger une banane ?

La cuisine est mon domaine de prédilection et, lorsque je me suis rendu compte que notre vie sexuelle devenait apathique, je me suis tout naturellement tournée vers la cuisine à la recherche de remèdes pour pimenter notre vie. Les recettes que j'ai incluses dans l'ouvrage sont d'inspiration asiatique, mais librement interprétées. Elles ne suivent aucune tradition culinaire. Les associations sont celles que je trouve bonnes. C'est tout à fait personnel. Il en est de même pour les extraits du Kâma Sûtra que j'ai interprétés à ma sauce, un joyeux mélange de diverses traductions du Kâma Sûtra.

Lorsque j'ai commencé à rédiger cet ouvrage, j'ai demandé à plusieurs personnes de mon entourage, – d'âge, de milieu et de conditions divers, des deux sexes –, de lire mes textes. J'ai été surprise de constater à quel point le sexe est personnel. Je n'ai pas eu deux avis semblables sur mes conseils et mes histoires. Certains les trouvaient trop crus. D'autres pas assez. D'autres encore les trouvaient drôles alors qu'une minorité en avait peur.

Que ce soit en cuisine ou en amour, suivez librement vos envies. Expérimentez à votre guise les recettes de ce livre, culinaires ou érotiques. Mais ne vous forcez pas ! Chacun a une sensibilité émotionnelle et physique différente. Si ma peau supporte d'être vigoureusement frottée à l'huile de gingembre, peut-être que la vôtre s'enflammera au contact de la première goutte et vous obligera à appeler le samu. Ce serait pour le moindre embarrassant…

Laissez-vous aller à écouter vos sens. Il n'y a pas de plaisir sans sensualité. Et la sensualité est une affaire, non pas de sexe, mais des cinq sens. Nous vivons dans une société qui nous impose et nous conditionne tellement que souvent, nous ne les entendons plus. Retrouvez-les et amusez-vous. Il n'y a pas de plaisir sans liberté.

Chihiro Masui

MISES EN BOUCHE

CHIPS DE LÉGUMES

• EN CUISINE •

1 de chaque : carotte, poireau, courgette, panais
Sel, piment ou
paprika moulu (facultatif)
Un bain d'huile pour la friture

1.- Détaillez la carotte, la courgette et le panais en très fines lamelles (1 mm d'épaisseur) avec une mandoline. Laissez-les sécher sur du papier absorbant pendant 20 minutes. Pour le poireau, détachez les « feuilles » extérieures. Mettez-les bien à plat sur du papier absorbant, au besoin, entre deux feuilles de papier avec un poids quelconque pour bien les aplatir.

2.- Faites chauffer l'huile à 170 °C. Si vous utilisez une friteuse, plongez le panier dans l'huile. Glissez soigneusement les lamelles une par une de manière à ce qu'elles ne se touchent pas. Faites-les cuire pendant 1 minute puis sortez-les de l'huile et égouttez-les sur du papier absorbant.

3.- Si les chips ne sont pas assez croustillantes, plongez-les une nouvelle fois dans le bain de friture très chaud pendant quelques secondes. Salez et saupoudrez de piment ou de paprika, si vous en avez envie.

• CONSEILS •

Installez votre nid d'amour, puis préparez les chips. Ainsi elles seront chaudes lors de la dégustation. Saisissez une chips délicatement entre vos dents et offrez ainsi votre bouche à votre amant(e). Profitez-en pour caresser ses lèvres avec les vôtres, doucement, par effleurements. Ensuite, laissez-vous aller au gré de vos désirs… Voici bien un plat que l'on n'est pas obligé de finir !

LA CUISINE DU KÂMA-SÛTRA
MISES EN BOUCHE
ET AUTRES DÉLICES D'ASIE

CHIPS DE BANANE

• EN CUISINE •

1 banane pas trop mûre
Un peu de farine
Un bain d'huile pour la friture

1.- Pelez et émincez la banane en rondelles de 2 mm d'épaisseur environ. Faites chauffer l'huile à 170 °C.

2.- Alignez les rondelles sur du papier absorbant. Prenez une rondelle dans la paume de votre main et farinez-la légèrement. Retournez-la pour fariner l'autre côté. Tapotez-la doucement entre vos mains pour enlever l'excédent de farine.

3.- Plongez-les immédiatement une par une dans l'huile de friture sans les reposer sur le papier absorbant (sinon elles collent !).

4.- Dès qu'elles sont bien dorées, égouttez-les de préférence sur une grille fine, sinon sur du papier absorbant.

• CONSEILS •

Ces chips de banane sont assez délicates à réaliser. Elles ont tendance à être trop molles, trop collantes, difficiles à manipuler. C'est plus facile lorsque la banane est verte (mais pas trop). À déguster de la même façon que les chips de légumes. Vous pouvez également les préparer à l'avance dans un joli bol à côté du lit. Même froides, elles constitueront un entremets agréable après le premier orgasme. Ou même avant.
Laissez une chips de banane fondre dans votre bouche pendant que votre corps fond sous les baisers et les caresses de votre amant(e)... Le sucre naturel et léger de la banane et son fondant en bouche se marient parfaitement à l'amour.

COUP DE FOUET BRÛLANT GLACÉ

• EN CUISINE •

Pour 2 verres
30 cl de jus de tomate ou de légumes
10 cl de jus d'orange sanguine ou de pamplemousse
2 pincées de chaque : piment de la Jamaïque, ginseng, gingembre, poivre blanc et noix de muscade moulus
2 cuillères à café de sucre (facultatif)
1 pincée de sel (facultatif)
1 à plusieurs gouttes de Tabasco® (facultatif)

1.- Mélangez tous les ingrédients idéalement dans un shaker, sinon dans un bol ou un saladier. Laissez bien rafraîchir au réfrigérateur.

2.- Mettez les verres au congélateur pour qu'ils soient bien froids et givrés.

3.- Versez le mélange dans les verres et servez immédiatement (ou versez dans les verres givrés et conservez-les au réfrigérateur).

• CONSEILS •

Potion miracle de l'amour, cette boisson a d'infinies propriétés. Épicée d'épices tonifiantes, excitantes, aphrodisiaques. Pimentée, pour exciter la langue et chauffer le corps de l'intérieur. Givrée, pour donner des frissons… partout. Fraîche, pour durcir la pointe de seins et les rendre encore plus sensibles. Irritante, pour chatouiller et enflammer le clitoris avec juste une goutte, pas plus. (Testez peut-être avant sur une autre partie du corps !)
Un bon coup de fouet lorsque la fatigue commence à se faire sentir, mais que la nuit s'annonce encore longue…

LA CUISINE DU KÂMA SÛTRA
MISES EN BOUCHE
ET AUTRES DÉLICES D'ASIE

“ Le temps est long
pour satisfaire le désir de la
femme, mais pendant ce temps
elle éprouve un grand plaisir.
Cela est donc naturel qu'elle
désire sa continuation. ”

SUSHI EN
ROUGE ET NOIR
BOULES DE GEISHA

• EN CUISINE •

Du riz pour sushi (voir p. 214)
Une tranche de saumon fumé
1 feuille d'algue nori
Des œufs de lompe noirs et rouges

Préparez le riz pour sushi. Coupez un carré de film alimentaire et posez-le, bien à plat, sur la paume de votre main. Déposez une bonne cuillère à café de riz pour sushi au milieu de votre paume. Fermez votre paume, tordez le film alimentaire et formez ainsi une boule avec le riz. Pressez cette boule pour obtenir la forme que vous voulez. Ouvrez le film pour sortir la boulette ainsi façonnée et recommencez l'opération pour chaque sushi.

Boules de geisha
En suivant les indications du début de cette recette et avant de déposer le riz dans le film alimentaire, posez d'abord un carré de 1 cm x 1 cm de saumon fumé. Posez le riz sur le saumon. Fermez le film alimentaire et pressez bien pour former une boule ronde.

Sushi en rouge et noir
En suivant les indications du début de cette recette, façonnez deux boulettes de riz pour sushi dans une forme ovale légèrement aplatie. Découpez deux bandes de 8 cm x 3,5 cm de nori. Entourez chaque boule d'une bande de nori. Déposez une cuillère à café d'œufs de lompe, noirs dans l'une, rouges dans l'autre sur chaque boulette.

• CONSEILS •

Servez avec du wasabi, de la sauce soja et du gingembre mariné. Les boules de geisha : un parfait petit bâillon pour un partenaire solidement attaché. Vous pouvez aussi lui bander les yeux et l'obliger à attraper avec la pointe de sa langue les œufs pétillants de lompe pour finalement lui « fourrer » la boule de riz et nori dans la bouche. Avec, selon votre préférence (et la sienne), quelques gentils petits coups de cravache…

" Il y a une différence
entre la conscience du plaisir
et les moyens du travail entre
l'homme et la femme.
L'homme agit. La femme est
celle sur laquelle on agit.
Et de cette différence dans
le travail résulte la conscience
du plaisir, car l'homme pense
cette femme est à moi
alors que la femme pense
je suis à cet homme. "

CŒURS DE FOIE GRAS

• EN CUISINE •

1 bloc de foie gras
1 pincée de cumin,
de gingembre et de chili moulus
Du carvi et du sésame noir
1 emporte-pièce en forme de cœur

En accompagnement
Une brioche chaude

1.- Découpez le foie gras en tranches de 1,5 cm à 2 cm d'épaisseur.

2.- Plongez l'emporte-pièce dans de l'eau très chaude, essuyez-le bien et découpez les tranches de foie gras en forme de cœur.

3.- Servez avec les épices à part ou enrobez chaque tranche d'épices.

• CONSEILS •

Lorsque vous enrobez les cœurs des épices, évitez de mélanger ces dernières. C'est plus joli si vous faites des rayures bien distinctes. Servez ces cœurs avec la brioche légèrement toastée au four. Ils constituent une excellente entrée en matière, autant par les sentiments que les sensations. C'est peut-être banal, mais le cœur reste et restera toujours une petite déclaration d'amour ou de désir... Les parfums riches et enivrants du foie gras et des épices associés à la douceur chaleureuse de la brioche, feront de ces quelques bouchées un prélude à un rapprochement aussi bien physique que sentimental. À déguster en tête-à-tête, avant le premier baiser.

LA CUISINE DU KÂMA SÛTRA
MISES EN BOUCHE
ET AUTRES DÉLICES D'ASIE

" L'épouse unique doit,
en comparaison avec les femmes
du même âge, les dépasser
par ses accomplissements pour
la cuisine et le comportement. "

S'HABILLER POUR DÎNER

L'amour de ma vie n'a pas beaucoup d'imagination. Disons qu'il fait partie de ces hommes qui sont tout à fait satisfaits des clichés. Alors son rêve serait que je perde quelques kilos – il n'y a rien de mieux que la vie de couple pour prendre du poids, c'est bien connu – et que je m'assoie à notre table en guêpière, bas résille et talons aiguilles d'au moins 20 cm.

Heureusement pour les fabricants de sous-vêtements, certains hommes sont moins dans le stéréotype. Le petit slip en coton, porté bas sur les hanches, fait un carton auprès de certains de ces messieurs. Le grand pyjama d'homme dans lequel on flotte, s'il ne fait que produire des hurlements de mon chéri « pourquoi tu me piques mes affaires !! » en font bander bien d'autres...

Lorsque vous servez un repas somme toute très simple, qui n'a pas été fait avec beaucoup d'amour ni d'efforts, mais en quelques minutes entre la douche et le coucher des enfants, vous pouvez très bien vous en sortir en soignant la présentation de la table et de la spécialité du jour… vous. C'est comme avec le foie gras : il suffit de le couper et le décorer d'une certaine façon pour qu'un bloc tout simple devienne tout d'un coup un mets désirable.

Suggestions du jour :

- Robe bustier fendue qui se dégrafe par un simple toucher même dans le noir, talons très hauts.
- Kimono en soie, bas et porte-jarretelles, escarpins à talons aiguilles.
- Nuisette courte et mules à pompon talons hauts.
- Cuissardes et serre-cou en velours noir, un string pour la forme.
- Soutien gorge affriolant visible sous un chemisier transparent.
- Soutien-gorge découpé seins nus que l'on devine sous un top fin.
- Combinaison seconde peau de Catwoman mais en dentelle ou résille, sans oublier les bottes luisantes.
- Caraco en broderie anglaise, shorty en dentelle, pieds nus.
- Gaine et nippies avec des gants qui montent au-dessus du coude.
- Chemise d'homme que vous lui piquez avant son retour.
- T-shirt large sans rien en dessous.
- T-shirt large sans rien en dessous et une épilation en forme de cœur (si si, ça se fait, c'est mon esthéticienne qui me l'a dit).

Pour le dessert :

Cherry on the cake, autrement dit une paire de menottes en plumes ou en perles. Et/ou un bandeau. Pour les yeux.

CHAUD OU FROID

SOUPE DE GINSENG, BŒUF ET ANANAS

• EN CUISINE •

200 g de bœuf (filet ou rumsteak)
1 petite boîte d'ananas en rondelles
1 racine de ginseng frais entier
1 à 3 piments rouges frais
1 ou 2 cube(s) de bouillon
60 cl d'eau
Sel, poivre

1.- Faites chauffer l'eau et le ginseng à feu moyen jusqu'à ébullition. Laissez mijoter ensuite, à feu doux, pendant 20 minutes. Ajoutez le cube de bouillon et faites-le fondre, toujours à feu doux.

2.- Pendant ce temps, détaillez le bœuf en petites lanières. Égouttez la boîte d'ananas en réservant le jus et coupez chaque rondelle en 8. Ajoutez-les, avec le jus, dans la casserole. Retirez du feu et ajoutez les lanières de bœuf. Ne vous inquiétez pas, ils cuiront à la chaleur résiduelle.

3.- Assaisonnez et servez chaud avec les piments entiers ou coupés en fines rondelles.

• CONSEILS •

Vous pouvez bien sûr utiliser du bouillon de bœuf fait maison à la place du cube. Dans ce cas, faites-le chauffer à feu doux avec le ginseng puis suivez la recette.
Le ginseng est prisé dans toute l'Asie pour ses propriétés. Il agit sur les centres nerveux et les glandes à sécrétion interne notamment hormonales. Il entre dans la composition de tous les remèdes asiatiques contre l'impuissance et le manque d'énergie. En France, il est parfois vendu sous vide dans les épiceries asiatiques. À défaut, vous pouvez le remplacer soit par le ginseng en poudre (thé de ginseng), soit par la racine séchée. Dans toutes les civilisations, à travers l'histoire, on retrouve des remèdes contre l'impuissance. L'ivoire, les griffes de tigre, les cornes d'antilope, le miel, le Viagra®... Nous, on aime le ginseng...

LA CUISINE DU KÂMA SÛTRA ※ CHAUD OU FROID ※ ET AUTRES DÉLICES D'ASIE

" Boire du lait mélangé
à du sucre, dans lequel on a fait
bouillir des testicules de
bélier ou de bouc augmente
une virilité sexuelle défaillante. "

UNE VIRILITÉ INCERTAINE

Elle l'avait remarqué depuis quelque temps. De taille moyenne mais bien proportionné, il avait une peau d'ébène veloutée qui invite à la caresse, une bouche charnue, et une virilité contenue. De l'autre côté de la piste de danse, il était seul, debout contre un pilier, un verre à la main et les yeux dans le vide.

Elle s'approcha et s'assit sur un tabouret haut, les jambes croisées sous sa jupe très courte. Le mouvement accrocha son regard. Leurs yeux se rencontrèrent. Mais il n'esquissa aucun geste. Alors elle descendit de son tabouret et s'approcha…

Ils parlèrent de tout et de rien. Elle lui demanda ce qu'il faisait dans la vie. Il revenait d'Iraq, de la guerre. Ce fut un petit choc, mais elle le balaya comme si cela n'avait pas d'importance. Après tout, cela n'en avait pas, pas pour elle ce soir-là. L'important, c'était de faire l'amour avec cet homme qu'elle désirait pour sa force cachée, son calme hypocrite. Elle en avait tellement envie qu'elle l'attira sur la piste de danse et se frotta contre lui, discrète au début, puis de plus en plus hardie.

Belle, sans complexes ni fausse moralité, elle était habituée aux hommes qui la désiraient, pressés de la consommer. Cet homme-là était étrange. Il n'était pas pressé, presque réticent. Pourtant elle l'attirait, elle le savait, elle le sentait dans son regard. Que se passait-il ?

Elle parvint néanmoins à l'attirer chez elle, dans son antre, sa chambre, prête pour l'occasion. C'est elle qui l'enlaça, qui l'embrassa, qui lui vola ses lèvres. Qui déboutonna sa chemise. Son odeur, épicée, noire, lui faisait chavirer la tête.

Elle le couvrit de baisers, caressait de sa langue la commissure des lèvres, effleurait la nuque de sa joue, mordillait les tétons, chatouillait le ventre avec ses cheveux. Tout était parfait, des pectoraux durs, un ventre « tablette de chocolat », une peau douce et lisse comme un chocolat chaud. Une création de Dieu. Il restait calme et ce fut elle qui était déjà brûlante, elle sentait son jus couler sur sa cuisse alors qu'il l'avait à peine touchée. À genoux, elle dégrafa le jean et retira le pénis, encore sage, encore mignon, de sa cachette. Elle frotta ses lèvres contre cette mignardise, la mit entière dans sa bouche, s'attendant à ce qu'elle se transformât en outil de plaisir… Mais que se passait-il ? Rien.

Pendant un moment elle croyait que c'était elle. Elle ne lui plaisait pas. Elle était allée trop vite. Certains hommes n'aiment pas les femmes trop libérées. Puis elle voyait son regard, à lui, triste, coupable, douloureux. Alors elle comprit et le serra dans ses bras.

« Ce n'est pas grave tu sais … ça arrive à tout le monde. »

« Je sais, mais moi je n'y arrive jamais. »

CHEVEUX D'ANGE EN NAGE

• EN CUISINE •

1 petit paquet de
vermicelles transparents (muong)
½ carotte
¼ daïkon
1 cuillère à café de sauce soja
ou 1 cuillère à soupe de nuoc mam
60 cl d'eau + 1 ou 2 cube(s) de bouillon
ou 60 cl de bouillon de bœuf ou volaille
Sel (facultatif), poivre

1.- Faites ramollir les vermicelles dans un saladier d'eau chaude pendant 20 minutes. Égouttez-les dans une passoire et coupez-le « nid » en deux avec des ciseaux ou un couteau sans dents.

2.- Pendant ce temps, épluchez et détaillez la carotte et le daïkon en fine julienne. Faites chauffer l'eau et diluez le cube de bouillon sans faire bouillir. Ajoutez les légumes, puis les vermicelles et faites-les cuire dans le bouillon à feu moyen pendant 5 à 10 minutes.

3.- Ajoutez la sauce soja ou le nuoc nam, assaisonnez. Servez chaud.

• CONSEILS •

Les vermicelles sont cuits lorsqu'ils se coupent facilement quand vous les pincez entre les doigts. La cuisson des légumes est une question de goût. Ils peuvent être croquants, presque crus, ou bien cuits et fondants. Pour une soupe plus parfumée, ajoutez des herbes émincées comme par exemple la sarriette, le cerfeuil, le persil, le basilic, le shiso.
Ou encore, du piment, du gingembre frais râpé, du poivre de Sichuan moulu si vous désirez une soupe qui chauffe l'esprit et le corps… jusqu'aux extrémités les plus petites et cachées.

LA CUISINE DU KÂMA SÛTRA CHAUD OU FROID ET AUTRES DÉLICES D'ASIE

Des morsures

" On peut mordre toutes les parties du corps sauf la lèvre supérieure, l'intérieur de la bouche et les yeux.

La morsure cachée : ne se voit qu'à la rougeur excessive de la peau.
La morsure gonflée : la peau a été pressée en haut et en bas.
Le point : une petite portion de peau a été mordue par deux dents seulement.
La ligne de points : de petites portions de peau ont été mordues par toutes les dents.
Corail et bijoux : morsure pratiquée par les dents et les lèvres. La lèvre est le corail, la dent est le bijou.
Le collier de bijoux : morsure faite avec toutes les dents.
Le nuage brisé : morsure composée de gonflements inégaux en cercle, qui proviennent des espaces entre les dents. Elle se pratique sur les seins.
La morsure du sanglier : morsure composée de plusieurs larges rangées rapprochées les unes des autres, avec des intervalles rouges. Elle se pratique sur les seins et sur les épaules, dans la passion intense.

La morsure cachée, gonflée et le point se pratiquent sur la lèvre inférieure. La morsure gonflée, le corail et bijoux sont faits sur la joue gauche. La ligne de points et le collier de bijoux sont imprimés sur la gorge, l'aisselle et la jointure des cuisses. La ligne de points est la seule qui peut être imprimée sur le front et les cuisses. "

SOUPE MISO DE POULET ET TOMATES

• EN CUISINE •

½ blanc de poulet
1 tomate
60 cl de dashi
1 ou 2 cuillère(s) à soupe de miso

1.- Émincez le poulet en fines lamelles. Coupez la tomate en 8.

2.- Dans une casserole, faites chauffer le dashi à feu moyen sans le faire bouillir. Dès qu'il est chaud, prélevez-en une louche dans un bol et diluez le miso. Réservez.

3.- Ajoutez la tomate dans le dashi, laissez cuire à feu moyen ou doux toujours sans faire bouillir, puis ajoutez le poulet. Dès qu'il est blanc, incorporez le miso dilué. Chauffez le tout sans bouillir, deux coups de louche pour mélanger et servez chaud.

• CONSEILS •

Le dashi est meilleur fait maison (voir dans le lexique p. 220). Il existe également en poudre instantanée, ou en sachet à infuser. À défaut vous pouvez utiliser ½ cube de bouillon, si possible pas trop salé, la saveur sera différente mais tout aussi savoureuse. Évitez les courts-bouillons, trop salés avec le miso.
On associe volontiers les habitants des contrées chaudes à la sexualité. C'est difficile d'imaginer les Eskimos faire l'amour… Mais lorsqu'il fait trop chaud, l'humain n'a pas envie de copuler, trop d'efforts physiques, trop de corps chauds qui s'agglutinent. Finalement, le plus romantique, c'est quand il fait froid mais pas trop, juste de quoi donner envie de se réchauffer, à deux, avec une bonne soupe. Car manger donne envie d'amour et l'amour donne de l'appétit…

" Après l'acte, les amants
peuvent prendre du jus frais,
de la soupe, du potage,
des extraits de viande, du sorbet,
du jus de mangue, du jus
de citronnier, ou tout ce qui
peut être aimé dans
les différentes contrées,
et qui est connu pour étant
doux et pur. "

LA SOUPE

Cela est probablement une perversion propre à moi. Mais la soupe a toujours suscité des émotions étranges… L'assiette creuse, la grande cuillère en argent, la soupe ou le potage au début du repas de famille.

L'alcool n'a pas encore délié les langues et les esprits. Tout le monde se tient encore bien droit, bien comme il faut. Un repas bien bourgeois, quoi ! Mais y a-t-il homme (ou femme) plus pervers que le bon bourgeois ?

D'abord, il y a cette nappe. Qui nappe toute la table, même les pieds. On met les mains bien à plat, bien visibles sur la table. Mais dessous ? Que se passe-t-il ?

Je peux enlever une de mes Louboutin et étendre le pied jusqu'à atteindre les « bijoux de famille » de mon homme, assis en face. Je peux ne pas enlever ma chaussure et les lui chatouiller avec le talon, long et pointu. Dans les deux cas, cela pourrait beaucoup m'amuser de voir son visage surpris, gêné, le voir me faire les grands yeux – oh, je t'en prie, ne prends pas cet air scandalisé, ça ne te va pas ! – tout en jetant des regards inquiets vers madame sa mère.

Ou, s'il est assis à côté de moi, je peux étendre la main (gauche, celle qui ne tient pas la cuillère, celle qui est libre de se balader) et lui caresser le pénis par-dessus le pantalon. Que va-t-il faire ? Enlever ma main ? La repousser ? Ah, mais elle revient à la charge, à chaque fois, car elle s'amuse de son embarras. Et de son pénis, qui malgré lui, grossit, durcit… et comment va-t-il faire lorsque viendra l'heure de se lever ? Que c'est drôle, un homme ! Et combien les femmes sont-elles mieux conçues par la nature, car tout chez nous est caché, alors que ces pauvres messieurs ne peuvent qu'espérer que l'on ne remarquera pas la bosse sous la serviette de table… ou rester assis en attendant désespérément que le membre, trop éveillé à l'heure de la soupe, veuille bien se rendormir.

Je peux également, tout en laissant couler le liquide chaud dans ma gorge, me caresser, sous cette nappe bienfaitrice, ou prendre la main de mon homme et la poser sur ma cuisse, un peu plus haut, encore un peu, toujours un peu plus haut…

Voilà ce à quoi je pense quand je mange de la soupe.

SALADE D'ÉTÉ, BŒUF ET ARACHIDES

• EN CUISINE •

100 g de bœuf (filet, rumsteak)
½ de chaque : laitue, carotte, concombre
1 poignée de cacahuètes au naturel (à défaut, des cacahuètes grillées en enlevant bien le sel)
1 gousse d'ail
20 feuilles de coriandre
2 cuillères à soupe de nuoc mam
Le jus d'un petit citron vert
1 cuillère à café de sucre
1 piment rouge frais (facultatif)

1.- Écrasez l'ail. Pilez grossièrement les cacahuètes. Mélangez avec le nuoc mam, le jus de citron et le sucre. Réservez.

2.- Émincez la laitue. Détaillez en julienne la carotte et le concombre.

3.- À feu vif, faites saisir le steak à la cuisson de votre choix : normalement, cette salade se fait avec du bœuf très saignant. Coupez-le en fines lanières : plus la viande est cuite, plus les lanières devront être fines.

4.- Mélangez tout. Servez avec les feuilles de coriandre.

• CONSEILS •

Vous pouvez couper le piment en fines rondelles et le mélanger à la sauce, ou le laisser entier pour parfumer et décorer votre salade. Pour un effet « coup de feu », écrasez-le… comme l'ail. Une salade à déguster à deux (à cause de l'ail !), en entrée d'un dîner d'été ou en plat unique pour le déjeuner en terrasse à la campagne. Piquante, légère et fraîche, mais riche aussi, avec le bœuf qui donne des forces et les brisures de cacahuètes qui craquent dans la bouche… Couper, émincer, ciseler… c'est en écrasant que l'on obtient le maximum des essences, parfums, goûts et effets. Car la nature renferme dans ses cachettes une infinité de richesses insoupçonnées. Ainsi, un Sûtra nous apprend que...

LA CUISINE DU KÂMA SÛTRA ※ CHAUD OU FROID ※ ET AUTRES DÉLICES D'ASIE

« Des bonnes qualités, la jeunesse et la libéralité sont les principaux et naturels moyens qui rendent une personne agréable aux yeux des autres. Mais en l'absence de ceux-ci, l'homme ou la femme doit avoir recours à des moyens artificiels ou à l'art. »

PRÉPARATIFS

Une femme qui s'apprête à séduire un homme, qui se prépare pour son premier rendez-vous, qui se terminera, elle le sait, dans des étreintes charnelles et la nudité la plus totale, passera au moins une heure pour se rendre la plus appétissante possible puisque son seul atout sera son corps.

Elle se fait couler un bain chaud, se versera peut-être un verre de vin. Le bain pourra être parfumé d'huiles essentielles de lavande ou d'ylang-ylang. Certaines, plus toniques, préféreront des peaux d'agrumes. Elle se lavera soigneusement dans tous ses recoins, tous ses plis, toutes ses cachettes. L'après-midi, elle s'est déjà fait épiler partout. Absolument. Son corps est prêt à la caresse…

Elle se sèche avec le même soin, ne laissant humide que sa partie la plus intime. Cette humidité chaude l'excite un peu mais elle se retient encore d'y toucher. Certaines peuvent s'enduire de lotion, d'huile pour adoucir la peau, la parfumer plus subtilement qu'un parfum. Le parfum, quant à lui, est réservé pour les creux secrets, derrière l'oreille, dans le coude, le genou, entre la cuisse et le mont de Vénus.

Les cheveux, longs ou courts, sont lavés, séchés, coiffés. Doux au toucher, ils glissent, soyeux. Courts, ils seront comme un plumeau sur le corps de l'homme, le chatouillant, le taquinant. Parfois même s'offriront-ils à ses mains avides, qui les empoigneront avec douceur. Longs, ils s'enrouleront, envoûtants, autour de l'homme, de son sexe en érection et lorsque la femme se penchera sur lui, il se sentira suffoquer comme dans un duvet dans ce rideau blond, roux ou noir.

Elle se maquille, se parfume, s'habille. Le choix des vêtements demande au moins autant de temps que la « préparation de base ». Jambes nues ou bas ? Jupe courte ou longue. Robe décolletée ou dos nu ? Des bijoux… mais qui ne risqueront pas de gêner l'attaque attendue.

L'homme, lui, se contente de se laver, se raser (peut-être). Quant aux vêtements, il se demandera s'il doit porter une chemise, un T-shirt ou un pull. Les chaussettes ne sont pas trouées ?

Non. Il est prêt.

SALADE DE PAPAYE AU BŒUF SÉCHÉ

• EN CUISINE •

1 papaye verte
1 tranche de bœuf séché vietnamien
1 piment rouge
1 cuillère à soupe de nuoc mam
2 cuillères à café de sucre
Le jus d'un citron vert

1.- Épluchez la papaye et détaillez-la en julienne au couteau, ou avec une râpe à fromage. Arrêtez-vous juste avant d'arriver aux pépins.

2.- Détaillez également le bœuf en julienne, si possible de la même taille que la papaye, mais au couteau. Coupez le piment en fines rondelles.

3.- Mélangez le nuoc mam, le sucre et le jus de citron jusqu'à dissolution totale du sucre. Versez la sauce sur la papaye. Ajoutez le bœuf et le piment et mélangez délicatement. Laissez reposer 20 minutes puis servez frais ou à température ambiante.

• CONSEILS •

La papaye, comme d'autres fruits exotiques, est riche en minéraux et bromélaïne, une enzyme qui exerce un effet nettoyant sur le système cardiovasculaire et fluidifie le sang. Elle est également deux fois plus riche que l'orange en vitamine C, aussi riche que la carotte en vitamine A. Qui dit épanouissement sexuel dit d'abord bonne santé ! Manger bien, manger équilibré, faire beaucoup l'amour, voici la recette de la jeunesse perpétuelle. Car le plaisir gustatif et le plaisir sexuel sont étroitement liés. Il faut être très jeune pour avoir envie d'amour en mourant de faim… et il faut être très vieux pour préférer un bon repas à une bonne partie de jambes en l'air. Salade délicatement sucrée, subtilement acide, fraîche et voluptueuse tout à la fois, c'est un excellent préliminaire qui peut aussi bien se déguster avec une fourchette, des baguettes, ou tout simplement les doigts. Après l'amour et une douche rafraîchissante, un petit creux ?

LA CUISINE DU KÂMA SÛTRA ※ CHAUD OU FROID ※ ET AUTRES DÉLICES D'ASIE

" L'homme et la
femme recherchent le même
plaisir dans le rapport sexuel.
C'est pourquoi il faut d'abord
stimuler le désir par des
attentions préliminaires.
Tous sont d'accord sur le point
que dans le rapport sexuel,
l'homme jouit plus vite
que la femme. "

LA FEMME EST DIFFÉRENTE DE L'HOMME…

Ce n'est pas un secret que les femmes veulent de l'amour alors que les hommes veulent du sexe. Et que l'excitation sexuelle de la femme est progressive, alors que celle de l'homme peut être immédiate. Sans préliminaires, la femme n'atteindra pas son orgasme, ou il sera de piètre qualité. Malheureusement, la connaissance masculine des préliminaires est très limitée (forcément, ils n'en ont pas besoin, eux). Voici quelques astuces, à enseigner à l'amant, délicatement, pour ne pas froisser son ego masculin.

Agir avec douceur mais fermeté. Il n'y a rien de plus énervant qu'une main qui frôle sans caresser, qui tâtonne sans savoir ce qu'elle fait. Si la main est maladroite, la remplacer par la bouche : elle perçoit mieux les réactions de plaisir de l'autre.

Bouche, pas langue. Malheureusement, la langue de l'homme qui pratique le cunnilingus, est presque toujours maladroite. Elle oublie que notre organe de plaisir est tout petit, même si son mécanisme est le même : protubérant et dur lorsqu'il est excité. Si un pénis supporte pratiquement tout traitement de la main, de la bouche ou de la langue, le clitoris, délicat et raffiné, n'aime pas une langue trop dure, trop sèche, trop rapide ni trop directe. Il est conseillé de commencer par décrire des cercles autour de lui sans le frôler, de « tourner autour du pot » jusqu'à ce qu'il ait très envie d'être touché.

Ne pas commettre l'erreur de commencer par toucher avec une main sèche un clitoris bien sec et introduire un doigt bien sec dans un vagin tout sec ! Commencer plutôt par des baisers sur la poitrine, et descendre progressivement vers les seins. Une fois arrivé sur ces collines d'amour, décrire des cercles avec les lèvres et la langue pour arriver sur les pointes. Les pointes des seins peuvent être léchées, sucées, mordillées, mais attention ! Sans oublier le reste.

Car on oublie souvent que le sexe est souvent une question de synergie. De la même manière que l'association de certaines saveurs rendra le mélange de ces saveurs plus puissant, la stimulation simultanée des seins et du clitoris sera beaucoup plus efficace que pratiquée l'une après l'autre.

Éviter néanmoins que les cercles décrits sur les seins et sur le clitoris soient synchrones. Cela donne à la femme l'impression d'être le mécanisme d'une pendule… Malheureusement, il faut un peu d'entraînement pour que la main gauche et la main droite et la langue décrivent tous des cercles mais pas en unisson. Peut-être qu'un pianiste ?

Le mot d'ordre : ne jamais aller droit au but tant que l'organe en question n'en a pas vraiment très envie. C'est le seul cas où la femme préfère attendre… Son orgasme n'en sera que plus explosif !

CRÈME DE PETITS POIS
SALADE DAÏKON

• EN CUISINE •

Crème de petits pois
1 boîte de petits pois de 400 g
1 pot de 50 cl de crème fraîche
½ verre à moutarde de lait
½ cuillère à café de sel de céleri (facultatif)

1.- Égouttez soigneusement les petits pois et mixez-les avec la crème fraîche et le lait. Passez ce mélange au tamis pour obtenir une crème parfaitement lisse et onctueuse.

2.- Faites chauffer à feu très doux, sans faire bouillir. Assaisonnez et servez chaud ou très frais.

Salade de daïkon
½ daïkon et ½ feuille de nori
1 cuillère à soupe de chaque : sauce soja, vinaigre de riz, huile d'arachide
1 cuillère à café d'huile de sésame

Pelez et détaillez le daïkon en fine julienne ou avec une râpe à fromage. Mélangez les ingrédients liquides pour la vinaigrette. Pliez la feuille de nori en 4, ciselez-la finement avec des ciseaux et parsemez-la sur le daïkon au moment de servir. Servez la vinaigrette à part pour laisser au daïkon sa blancheur éclatante.

• CONSEILS •

Le daïkon nettoie le foie qui fabrique le sang, indispensable pour une bonne irrigation des zones génitales. Pour conserver sa couleur, et lui donner plus de croquant, faites-le tremper une fois détaillé, dans de l'eau très fraîche avec un peu de jus de citron. Le crème de petits pois est un velouté facile et rapide à réaliser, chaleureux en hiver, rafraîchissant en été. Servez-le dans des verrines que vous laisserez 30 minutes au congélateur. Délicieusement givrée, la verrine posée sur certaines parties du corps donnera des frissons et la crème douce et sucrée remplace avantageusement les lubrifiants chimiques et peu goûteux !

LA CUISINE DU KÂMA SÛTRA
CHAUD OU FROID
ET AUTRES DÉLICES D'ASIE

PROFONDEURS INTERDITES

HUÎTRES
AUX SIX PARFUMS

• EN CUISINE •

6 huîtres

Pour les 6 assaisonnements
1 cuillère à café de daïkon râpé + 1 pincée de piment rouge moulu
1 cuillère à café de raifort ou de wasabi + 1 goutte de sauce soja
1 cuillère à café de baies rouges moulues + 2 gouttes de citron vert
1 cuillère à café de poivre noir moulu + 2 gouttes
de vinaigre de vin rouge
1 cuillère à café de crème fraîche + ½ cuillère à café
de jus de gingembre
1 cuillère à café de ketchup + 1 ou 2 gouttes de Tabasco®

1.- Ouvrez les huîtres (ou demandez à votre poissonnier de les ouvrir). Pour une dégustation « sexy », détachez-les de leur coquille avec un couteau fin (pour pouvoir les avaler sans fourchette).

2.- Déposez une noisette de chaque assaisonnement sur chacune des huîtres.

• CONSEILS •

Pour râper le daïkon et le gingembre, il vous faut une râpe fine, comme une râpe pour noix de muscade ou une râpe japonaise. Pour obtenir du jus de gingembre, râpez-le puis pressez-le entre vos doigts. Pour un effet plus relevé, assaisonnez toutes les huîtres de gingembre… Les huîtres sont riches en iode, zinc et phosphore. Choisissez celles avec une belle laitance… Le gingembre, quant à lui, est l'aphrodisiaque universel, depuis l'Antiquité, lorsque Grecs et Romains l'achetèrent aux Arabes, jusqu'en Asie où on dit que son nom signifie « virilité » en chinois. Il contient du gingerol qui augmenterait le volume des sécrétions testiculaires.
Détachées de leurs coquilles, les huîtres seront faciles à déguster, à avaler, à laisser couler dans la gorge, à boire.
Fraîches, délicatement épicées, salées, sucrées, leur parfum et leur saveur d'iode, leur texture un peu perverse, glisseront sur vous et en vous pour vous mettre en appétit…

PROFONDEURS INTERDITES

PROFONDEURS INTERDITES

LA CUISINE DU KÂMA SÛTRA
ET AUTRES DÉLICES D'ASIE

“ Lorsqu’une épouse veut approcher son mari dans l’intimité, sa parure doit avoir de nombreux ornements, de fleurs diverses et d’un tissu décoré de différentes couleurs, et des onguents et parfums doux. Mais sa tenue de tous les jours doit être composée d’un tissu fin et serré, quelques ornements et fleurs, un peu de parfum mais pas trop. ”

PALOURDES AU PIMENT

• EN CUISINE •

2 grands bols de palourdes
bien nettoyées, dans leurs coquilles
1 gousse d'ail écrasée
2 cuillères à café d'huile de tournesol ou arachide
1 cuillère à café de nuoc mam
1 ou 2 piments rouges
ou 1 cuillère à café de poivre moulu

1.- Dans un wok ou une cocotte, mettez l'huile à chauffer à feu vif. Faites revenir l'ail, puis ajoutez les palourdes. Couvrez.

2.- Lorsque les coquilles sont ouvertes (normalement pas plus de 5 minutes), versez le nuoc mam et les piments ou le poivre. Mélangez et servez aussitôt.

• CONSEILS •

Ne mangez pas les coquilles fermées ni les piments, dont le but est de parfumer le plat (sauf si vous êtes un inconditionnel du piment et aimez cracher le feu). Les palourdes cuisent à la vapeur de leur propre eau, il est donc important de bien les couvrir pendant la cuisson pour que la vapeur ne s'échappe pas. N'ajoutez pas d'eau, cela les rendrait aqueuses.
Tous les coquillages sont riches en iode, magnésium, phosphore et zinc, autant de minéraux connus pour leurs propriétés. Le magnésium encourage la production de testostérone. Le zinc permet une bonne lubrification vaginale et une excellente qualité séminale. Enfin, le phosphore est un super accélérateur de performance !

LA CUISINE DU KÂMA SÛTRA
PROFONDEURS INTERDITES
ET AUTRES DÉLICES D'ASIE

“ Si l’homme, après s’être enduit la verge avec un mélange de poudres du pommier blanc à épines, de poivre long, de poivre noir et de miel, a un rapport sexuel avec une femme, il la soumet à son pouvoir. ”

APHRODISIAQUES ET POTIONS MAGIQUES

Depuis la nuit des temps, l'homme a recherché des potions, des aliments, des plantes pour stimuler une virilité défaillante, posséder l'élu de son cœur, réussir en amour et accroître le plaisir. Des recettes du Kâma Sûtra jusqu'au Viagra® d'aujourd'hui, le principe est le même : trouver, coûte que coûte, une aide à l'épanouissement amoureux et sexuel.

Les aphrodisiaques les plus connus aujourd'hui dans notre civilisation sont l'huître et le gingembre, même s'ils sont surtout destinés à l'homme, qui, grâce aux effets synergiques de ces deux aliments, devrait retrouver une virilité oubliée. Jadis ce fut la cantharide. L'artichaut, aussi, fut interdit au Moyen-Âge car il « chauffait la femme ». Et la pauvre laitue, pourtant si modeste, était un aliment interdit aux moines…

Les charlatans voudraient nous vendre des phéromones, des potions ou formules magiques pour rendre l'autre follement amoureux. Autrefois réservées à une minorité peu visible, aujourd'hui ce sont des publicités à la télévision qui nous vendraient les prestations pour prédire votre amour, par SMS.

Alors, la réalité dans tout ça ? La science, qui se penche volontiers sur l'allégement des symptômes de l'arthrose ou des nouvelles lentilles de contact pour la myopie, est singulièrement « coincée » lorsqu'il s'agit de sexualité. Il faut carrément être impuissant pour que la science vous vienne en aide… Les recherches dans ce domaine sont souvent peu fiables. Pourquoi ?

Tout simplement parce qu'il s'agit des sens. Les cinq sens, c'est à la dire, la vue, l'odorat, le goût, l'ouïe et le toucher. Et que tout ce qui est sensible est par définition subjectif. Ce qui vous attire fera fuir votre voisin. Ce que l'un trouve « sexy », l'autre le trouvera « ringard ». Mais surtout, parce que la sexualité de l'homme n'est pas un simple acte de reproduction de l'espèce. Car l'homme en a fait un plaisir, un sujet de discussion, de discorde, d'émotion et d'intellect. Au final, le sexe est personnel. Un monde que chacun doit explorer suivant ses goûts et préférences, au gré de ses envies et de ses inhibitions.

Huître, gingembre, safran, moule ou ginseng, rien n'aura d'effet que si vous le désirez...

MOULES
AU CÉLERI

• EN CUISINE •

2 bons bols de moules nettoyées
1 branche de céleri coupée en rondelles
1 gousse d'ail écrasée
1 cuillère à soupe de saké japonais
1 cuillère à café d'huile de tournesol
Un tour de moulin à poivre

1.- Faites chauffer l'huile à feu vif dans un wok ou une cocotte. Faites revenir l'ail, ajoutez le céleri et aussitôt, ajoutez les moules.

2.- Versez le saké et donnez deux tours de spatule pour mélanger grossièrement le tout. Couvrez bien.

3.- Lorsque les moules sont ouvertes, donnez un tour de moulin à poivre, un dernier tour de spatule et servez aussitôt.

• CONSEILS •

Les moules cuisent à la vapeur du saké. Ce dernier n'est pas indispensable. Vous pouvez y substituer du vin blanc sec ou rien du tout, à condition de bien couvrir pour que la vapeur naturelle dégagée par les moules ne s'échappe pas pendant la cuisson.
Le céleri est un excellent diurétique qui le classe parmi les aphrodisiaques grâce à son action irritante sur les voies urino-génitales qui stimule les organes sexuels.
Rien dans la nature ne ressemble autant au sexe féminin que la moule… dont l'utilité ne s'arrête pas à cette simple évocation. Elle stimule non seulement l'imagination par son apparence, mais aussi le corps. Par sa richesse en minéraux essentiels à l'épanouissement sexuel. Pour un orgasme explosif « feux d'artifices » ou celui, lent et profond, que peuvent préférer certain(e)s…

LA CUISINE DU KÂMA SÛTRA
PROFONDEURS INTERDITES
ET AUTRES DÉLICES D'ASIE

Des baisers

" **Le nominal** : simple baiser sur la bouche, par l'apposition des lèvres des deux amants.
Le baiser mouvant : la jeune fille presse entre ses lèvres la lèvre inférieure de son amant ; elle l'introduit dans sa bouche en lui imprimant un mouvement de succion.
Le baiser touchant : elle touche avec sa langue la lèvre de son amant, en fermant les yeux, et place ses deux mains dans les siennes.
Ces trois baisers sont pratiqués par la jeune fille.

Le baiser droit : les deux lèvres s'appliquent directement, celles de l'amant sur celles de l'amante.
Le baiser penché : les deux amants, la tête penchée, tendent leurs lèvres l'un vers l'autre.
Le baiser tourné : l'un des amants tourne vers lui, avec la main, la tête de l'autre, et, de l'autre main, lui prend le menton.
Le baiser pressé : lorsque l'un des deux amants presse fortement avec ses lèvres la lèvre inférieure de l'autre.
Le baiser très pressé : lorsqu'après avoir pris la lèvre entre deux doigts on la touche avec la langue et la presse fortement avec une lèvre.
Le baiser de la lèvre inférieure : quand l'homme baise la lèvre supérieure de la femme pendant que celle-ci, en retour, lui baise la lèvre inférieure.
Le baiser agrafe : quand l'un des amants prend avec ses lèvres les lèvres de l'autre.
Le combat de la langue : quand, dans le baiser agrafe, l'un touche avec la langue les dents et le palais de l'autre. "

COQUILLES SAINT-JACQUES AUX PARFUMS D'ASIE

• EN CUISINE •

4 coquilles Saint-Jacques
1 gousse d'ail
1 piment rouge
1 cuillère à soupe de nuoc mam
1 citron vert
Quelques feuilles de coriandre ou de menthe
Un appareil de cuisson à la vapeur

1.- Nettoyez sous l'eau courante les Saint-Jacques sans détacher la noix et le corail de la coquille. Conservez le haut de la coquille qui vous servira de couvercle. Déposez les coquilles pleines dans l'appareil de cuisson (l'eau doit bouillir à gros bouillons et dégager une bonne vapeur) et couvrez-les de leurs « couvercles ». Fermez l'appareil et laisser cuire 5 minutes.

2.- Pendant ce temps, pelez et écrasez l'ail. Mélangez le nuoc mam et le jus du citron vert, ajoutez le piment coupé en rondelles et l'ail. Ciselez les feuilles de coriandre ou de menthe. Réservez.

3.- Après 5 minutes de cuisson, sortez les coquilles et enlevez les « couvercles ». Versez sur chaque coquille ½ cuillère à soupe de l'assaisonnement de l'étape 2 et parsemez de coriandre ciselée.

• CONSEILS •

Si vous disposez d'un cuit-vapeur électrique, faites cuire les coquilles Saint-Jacques suivant les indications de votre machine. Attention à ne pas trop cuire les coquillages : c'est une affaire de goût mais ils sont meilleurs presque crus, mi-cuits et fondants plutôt que trop cuits et fibreux.
La sensualité commence par la sensation en bouche... Quoi de plus sensuel que le léger piquant d'ail, le piquant plus chaud du piment, le parfum frissonnant du citron vert, le sel exotique du nuoc mam, mariés aux arômes d'une mer que l'on devine langoureuse ?

PROFONDEURS INTERDITES

LA CUISINE DU KĀMA SŪTRA
PROFONDEURS INTERDITES
ET AUTRES DÉLICES D'ASIE

Autres baisers

“ Quand une femme baise au visage son amant endormi, c'est le baiser qui allume l'amour.

Quand une femme baise son amant qui est distrait ou affairé, ou bien le querelle, c'est le baiser qui détourne.

Quand l'amant attardé trouve l'amante couchée, et la baise dans son sommeil pour lui manifester son désir, c'est le baiser d'éveil. En pareil cas, la femme peut faire semblant de dormir à l'arrivée de son amant pour provoquer ce baiser.

Quand on baise l'image d'une personne réfléchie dans un miroir ou dans l'eau, ou bien son ombre portée sur un mur, c'est le baiser de déclaration.

Quand on baise un enfant que l'on tient sur ses genoux, ou une image, ou une statue, en présence de la personne aimée, c'est le baiser que l'on transmet.

Quand la nuit, au théâtre ou dans une assemblée d'hommes de caste, un homme s'approche d'une femme et lui baise un doigt de la main, si elle se tient debout, ou un doigt de pied, si elle est assise ; ou bien quand une femme, en massant le corps de son amant, pose la figure sur sa cuisse, comme si elle voulait s'en faire un coussin pour dormir de manière à allumer son désir et lui baise la cuisse ou le gros doigt du pied, c'est le baiser de provocation.

Quoi que l'un des amants fasse à l'autre, ce dernier doit lui rendre la pareille : baiser pour baiser, caresse pour caresse, coup pour coup, dit le Sage. ”

PÉTONCLES ET RIZ DE VÉNUS AU SOJA NOIR

• EN CUISINE •

100 g de riz *venere*
1 poignée de pétoncles
1 cuillère à café de haricots de soja noir
10 g de beurre

1.- Faites cuire le riz *al dente* en suivant les indications sur le paquet. Si les pétoncles sont surgelés, plongez-les dans un saladier de lait ou d'eau pendant 30 minutes. Égouttez-les bien d'abord dans une passoire puis avec du papier absorbant.

2.- Mettez le beurre à fondre dans une poêle à feu moyen. Faites revenir les pétoncles, ajoutez le riz et faites sauter le tout pendant 3 à 5 minutes en mélangeant avec une cuillère en bois. Ajoutez le soja noir et mélangez bien.

3.- Goûtez. Si cela vous paraît fade, ajoutez progressivement de très petites quantités de soja noir en goûtant à chaque fois.

• CONSEILS •

Les pétoncles, comme tous les coquillages, sont riches en minéraux qui assurent la bonne marche de tous nos « appareils » sexuels, qu'ils soient féminins ou masculins.
Le soja noir est réputé pour ses multiples propriétés dont celle qui nous intéresse ici : il agit sur le métabolisme des graisses au niveau du foie – foie sain, bonne irrigation des zones génitales… Attention : cette recette se réalise avec du soja noir entier conservé dans un liquide et vendu en bocal, que l'on utilise en Chine comme un condiment, et non du soja noir sec en sachet. C'est une préparation très salée qu'il convient de doser avec soin. On le trouve dans les épiceries asiatiques, notamment chinoises. Vous pouvez le remplacer par quelques gouttes de sauce soja et un peu plus de beurre.
Le riz *venere*, également appelé riz de Vénus, et aujourd'hui cultivé en Italie, est originaire de Chine où l'on l'appelait le riz interdit, pour ses propriétés aphrodisiaques.

LA CUISINE DU KÂMA SÛTRA
PROFONDEURS INTERDITES
ET AUTRES DÉLICES D'ASIE

Les jeux des baisers

“ Le baiser doit être modéré, serré, pressé ou doux, selon la partie du corps à laquelle il est appliqué. On peut encore ranger parmi les baisers la succion du bouton ou du mamelon des seins qui, dans les chants des Bayadères du Sud de l'Inde, est mentionnée comme un des préliminaires naturels de l'acte sexuel.

Entre amants, on parie à qui saisira le premier, avec ses lèvres, la lèvre inférieure de l'autre. Si la femme perd, elle doit crier, repousser son amant en battant des mains, le quereller et exiger un autre pari. Si elle perd une seconde fois, elle doit montrer encore plus de dépit, et saisir le moment où son amant n'est pas sur ses gardes, ou bien dort, pour prendre entre les dents sa lèvre inférieure, et la serrer assez fort pour qu'il ne puisse la dégager ; cela fait, elle se met à rire, fait beaucoup de bruit et se moque de son amant ; elle danse et s'agite devant lui, et lui dit, en plaisantant, tout ce qui lui passe par l'esprit ; elle fronce ses sourcils en lui roulant de gros yeux.

Tels sont les jeux et les paris de deux amants à l'occasion des baisers. ”

GAMBAS RÔTIES AUX ÉPICES CHAUDES, BEURRE DE CACAHUÈTES « SATAY »

• EN CUISINE •

6 gambas
6 brochettes en bois
1 petit oignon et 3 gousses d'ail
1 cuillère à soupe de chaque : citronnelle fraîche, gingembre frais, huile d'arachide, coriandre moulue
1 cuillère à café de chaque : graines de fenouil, cumin et curcuma moulus

Pour le beurre de cacahuètes « satay »
2 cuillères à soupe de beurre de cacahuètes, 1 cuillère à soupe de sucre, 1 piment rouge frais, 10 cl de lait de coco, le jus de 1 citron vert

1.- Dans un robot ou dans un mortier avec un pilon, écrasez ensemble l'oignon, l'ail, la citronnelle et le gingembre. Faites chauffer l'huile dans une poêle à feu moyen puis laissez cuire ce mélange en remuant pendant 15 minutes. S'il brûle, baissez le feu sur très doux. Ajoutez la coriandre, le fenouil, le cumin, le curcuma et faites cuire à feu moyen pendant encore 1 à 3 minutes. Réservez et laissez refroidir la pâte à température ambiante.

2.- Décortiquez les gambas. Vous pouvez laisser la queue et la tête. Enrobez les gambas de la pâte de l'étape 1. Couvrez et conservez au frais pendant au moins 4 heures ou une nuit.

3.- Préparez le beurre de cacahuètes « satay » : sur feu doux, en remuant constamment, faites chauffer le beurre de cacahuètes, le sucre et le piment rouge frais écrasé. Ajoutez le lait de coco et le jus du citron vert. Lorsque le mélange commence à s'épaissir, retirez du feu et réservez.

4.- Trempez les brochettes en bois dans de l'eau pendant une demi-heure et embrochez chaque gambas dans le sens de la longueur. Faites cuire sur le gril pendant environ 2 à 3 minutes de chaque côté en les retournant de temps en temps. Servez avec le beurre de cacahuètes « satay ».

LA CUISINE DU KÂMA SÛTRA ET AUTRES DÉLICES D'ASIE
PROFONDEURS INTERDITES

" L'Auparishtaka ne se pratique qu'avec des femmes dévergondées, des servantes et des porteuses de fardeaux. Les Acharyas sont d'avis que l'Auparishtaka est l'œuvre d'un chien. "

Auparishtaka : fellation
Acharyas : auteurs anciens et vénérés

LA QUEUE

Serais-je une femme dévergondée, une servante, une porteuse de fardeau ? Certainement pas la dernière, je n'ai jamais rien porté de plus lourd qu'une fourchette ou une paire de baguettes. Une servante ? Non plus. Un chien ? Ça se saurait. Mais dévergondée ? Peut-être…

Car la vue dans mon assiette d'une gambas me donne des envies… de débauche. Encore plus si elle est sur une brochette. Je commence par lécher la tête tout entière. Épicée, parfumée, elle est délicatement iodée, délicieuse sur la langue, avec cette petite peur de se piquer sur la carapace qui ajoute une note de suspens. Une fois la carapace minutieusement dépourvue de toute saveur par ma langue perfectionniste, je la craque, très légèrement du bout des dents, juste ce qu'il faut pour pratiquer une brèche et extraire le corail. Par succion, bien sûr. Primitive ? Oui. Gourmande ? Profondément. Une crème précieuse, une goutte ou deux seulement, mais oh ! si douce, si veloutée, si tendre et si iodée qui me liquéfie les sens.

J'enlève la tête avec mes doigts – inutile de préciser que les couverts sont complètement inutiles –, et j'attaque le corps. Les crustacés sont bizarrement faits. La tête contient tous les organes comme le cerveau, le foie, le cœur. Alors qu'y a-t-il dans le corps ? Le corps ne contient rien, elle est la queue de la bête, sa seule chair. Je mets cette queue dure et raidie sur la brochette entière dans ma bouche, ferme mes lèvres dessus et la retire de ma bouche sans la croquer. Mes lèvres, mon palais la caressent et goûtent la souplesse et l'élasticité de la chair. Chose que je ne peux faire que dans l'intimité la plus totale, impossible au restaurant ! Quelle hypocrisie pourtant de ne pas apprécier à sa juste valeur ce qui ne peut être dégusté qu'ainsi. Je suce doucement cette queue de crustacé pour goûter l'amertume subtile propre à ces bêtes. Sucre, sel, iode, épices. Que de saveurs, de complexité, de sensualité, de gourmandise dans ce jus de la mer et des épices de la terre !

Aux dents maintenant. Solides, de véritables instruments de torture et de chirurgie. J'arrache une partie de la chair, la détachant de la brochette, sauvagement. Le plaisir sensuel que j'en tire n'est pas seulement le besoin de se nourrir ni de satisfaire la faim, mais se place à un niveau plus profond, plus bas peut-être… telle une mante religieuse qui dévore son amant après en avoir extrait tout le jus, un plaisir cruel, vicieux, mais tellement bon…

CREVETTES ET PISTACHES AU WOK

• EN CUISINE •

300 g de grosses crevettes
Une bonne poignée de pistaches décortiquées
1 gousse d'ail
1 cuillère à soupe d'huile d'olive
1 citron vert
Sel, poivre

1.- Étêtez et décortiquez les crevettes. Pelez l'ail et émincez-le finement. Coupez le citron vert en tranches, puis coupez chaque tranche en quartiers.

2.- Faites chauffer l'huile à feu vif, dans un wok ou dans une poêle, de préférence à revêtement antiadhésif. Faites revenir l'ail, puis ajoutez les pistaches. Donnez deux tours de spatule pour mélanger puis ajoutez les crevettes, toujours à feu vif.

3.- Lorsque les crevettes sont cuites, c'est-à-dire roses et courbées, ajoutez le citron vert. Assaisonnez de sel et poivre et donnez un dernier tour de spatule. Servez chaud.

• CONSEILS •

Laissez les queues des crevettes, elles seront ainsi plus faciles à saisir et manger avec les doigts. En revanche, si vous voulez tout manger – crevettes, citron vert, pistaches – en même temps, avec une grosse cuillère, retirez les pauvres queues…
Les crevettes stimulent la libido, notamment pour les messieurs souffrant d'insuffisance érectile… Les pistaches sont un tonifiant sexuel naturel. L'ail, malgré une réputation d'aliment à éviter aux moments de rapprochement entre deux êtres qui se chérissent, a une action échauffante et stimulante, notamment sur la circulation sanguine. Il contient une molécule, l'allicine, qui fluidifie le sang (d'où son effet hypotenseur) et donc, encourage une érection bien virile.

LA CUISINE DU KÂMA SÛTRA
PROFONDEURS INTERDITES
ET AUTRES DÉLICES D'ASIE

" Le sexe oral allume
la passion d'un homme à
la médiocre énergie sexuelle,
qui n'est plus tout jeune, qui est
trop corpulent ou qui est
fatigué de faire l'amour."

ANNEAUX CROUSTILLANTS DE CALAMAR

• EN CUISINE •

1 blanc d'encornet
2 cuillères à soupe de farine
Sel, poivre, piment rouge moulu
Un bon bain d'huile de friture

1.- Nettoyez bien l'encornet. Séchez-le à l'intérieur comme à l'extérieur, avec du papier absorbant. Coupez-le en rondelles de 1 cm de large environ.

2.- Mettez la farine et l'assaisonnement dans un sac alimentaire en plastique. Ajoutez les rondelles d'encornet, fermez le sac et secouez-le vigoureusement dans tous les sens. Si certaines rondelles sont collées entre elles, détachez-les pour qu'elles soient toutes uniformément enrobées de farine.

3.- Faites-les frire dans un bain d'huile à 170° C pendant environ 1 à 2 minutes, de préférence 2 ou 3 rondelles à chaque fois. Ne les mettez pas toutes en même temps, cela ferait trop baisser la température de l'huile et vous obtiendrez une friture molle. Ne les faites pas trop cuire, elles deviendront dures et caoutchouteuses. Égouttez-les sur du papier absorbant avant de les servir.

• CONSEILS •

Si vous utilisez des blancs d'encornet surgelés, faites-les décongeler dans de l'eau ou du lait, puis essuyez-les bien avec du papier absorbant.
Vous pouvez déguster ces anneaux croustillants nature, avec du jus de citron, un mélange à parts égales de sauce soja et de vinaigre de riz, du sambal oelek, de la sauce tartare, du ketchup, ou encore avec une sauce thaïlandaise, piquante et sucrée, vendue sous l'appellation « sauce pour poulet frit ». À grignoter très chauds avec les doigts. Sinon, attendez un peu qu'ils soient tièdes, et jouez aux anneaux quilles : vous avez les anneaux et votre amoureux a sur lui le piquet idéal. Voici donc des *cockrings* comestibles !

PROFONDEURS INTERDITES
LA CUISINE DU KĀMA SŪTRA
ET AUTRES DÉLICES D'ASIE

Des qualités et des défauts

“ **Les qualités de l'homme**
Il est de haute naissance, savant, instruit, poète, conteur, éloquent, habile dans les arts, persévérant, dévoué, généreux ; ne se fâche jamais et respecte ses parents ; aime les amusements de la société et est exercé à terminer les vers commencés par d'autres ; ne boit pas à l'excès ; de belle santé, avec un corps parfait et une grande force, puissant dans le plaisir sexuel ; montre l'amour envers les femmes et attire leurs cœurs sans leur être entièrement dévolu ; jouit de moyens indépendants, et ignore l'envie et le soupçon.

Les qualités de la femme
Elle est belle et aimable ; a sur le corps des signes de bon augure ; aime les bonnes qualités chez les hommes, ainsi que la richesse ; prend plaisir dans l'union sexuelle résultant de l'amour ; cherche toujours à augmenter son expérience et ses talents, n'est jamais avare ; aime les réunions sociales ainsi que les arts ; intelligente, de bonne disposition et de bonnes manières ; son comportement est droit et égal ; elle est reconnaissante, sait prévoir l'avenir avant d'entreprendre toute chose ; parle sans méchanceté, ne rit pas fort, ne connaît ni la colère, ni l'avarice ; n'est ni ennuyeuse ni stupide. Elle a une bonne connaissance du Kâma Sûtra, et est versée dans la pratique.

L'amant à éviter
Il est de mauvaise santé, sa bouche contient des vers et son haleine sent l'excrément humain ; aime sa femme et parle fort ; soupçonneux et avare, sans pitié ; voleur, sorcier, imbu de sa personne ; n'a aucun respect envers les autres ; se laisse acheter même par ses ennemis. Il est timide à l'excès. ”

LOTTE
AU CURRY VERT

• EN CUISINE •

300 g de lotte
1 à 3 cuillères à café de pâte de curry vert thaïlandais
1 cuillère à café d'huile de tournesol
25 cl de lait de coco
3 à 6 brins de ciboulette
Un peu de nuoc mam (facultatif)
1 citron jaune ou vert (facultatif)

1.- Coupez la lotte en morceaux de taille égale. Ciselez la ciboulette.

2.- Faites chauffer l'huile dans une casserole à feu moyen et revenir la pâte de curry (voir p. 214) en remuant constamment, pendant 1 minute (la pâte brûlera un peu sur les parois de la casserole). Ajoutez la lotte et faites revenir très rapidement en remuant, juste pour que les morceaux de lotte soient recouverts de curry. Ajoutez aussitôt le lait de coco. Couvrez et baissez le feu.

3.- Remuez de temps en temps le curry et laissez mijoter à feu doux sans bouillir jusqu'à ce que le poisson soit cuit (environ 15 minutes suivant la taille des morceaux). Goûtez. Si cela vous paraît fade, ajoutez progressivement du nuoc mam et éventuellement du jus de citron. Servez dans des bols individuels, parsemez la ciboulette et accompagnez de riz ou de pâtes.

• CONSEILS •

La pâte de curry vert thaïlandais est très piquante surtout si le paquet vient d'être entamé. Dosez en conséquence : commencez par une petite quantité de pâte en sachant que vous pouvez en rajouter même en fin de cuisson. Si le curry n'est pas assez salé, ajoutez du nuoc mam qui se marie mieux avec le lait de coco que le sel. Le piment chauffe la langue mais également le corps. La citronnelle envoûte les sens avec son parfum…

LA CUISINE DU KÂMA SÛTRA
PROFONDEURS INTERDITES
ET AUTRES DÉLICES D'ASIE

" Lorsque la femme
n'a pas atteint la jouissance,
elle secoue les mains, ne laisse
pas l'homme se lever, le mord,
le frappe, lui donne des coups
de pied et continue son
mouvement quand l'homme
a fini. Dans ce cas, l'homme
doit frotter son sexe avec sa main
et ses doigts (comme l'éléphant
avec sa trompe) pour l'adoucir. "

QUAND UNE FEMME TAPE DU PIED…

Quelle femme n'a jamais connu l'intense frustration de l'homme qui atteint son orgasme avant elle ? Juste au moment où cela s'apprêtait à devenir intéressant, la tête enfin vidée des soucis de la journée, le corps fondu sous les baisers, échauffé sous les caresses, la pensée centrée sur cette pénétration de plus en plus envoûtante, d'abord lente et douce, puis forte et profonde… Sous ces attaques du sexe qui durcit et grossit, la femme soupire, halète, gémit et… c'est là que cela se termine, car l'homme a déjà éjaculé.

Elle aimerait bien être clémente. Compréhensive. Douce. Gentille. « Ce n'est pas grave mon chéri, ce sera pour une autre fois… ». Mais avouons-le, même ces anges n'ont-elles pas au fond d'elles l'envie hystérique de frapper, de mordre, de griffer cet homme qui a eu l'infinie maladresse de partir trop tôt ?

L'homme de son côté se sent coupable. Parfois il se sent même incapable. Le plus pathétique, c'est quand il continue à essayer avec son pénis tout mou. Certains, machos, n'en ont que faire. Ils partent du principe qu'ils ont éjaculé, donc la femme est forcément satisfaite !

L'homme qui a éjaculé malheureusement a perdu toute envie sexuelle, il n'a envie que de dormir. C'est naturel, physique, animal. L'orgasme a relâché tellement d'endorphines qu'il ne peut lutter contre la nature. Alors ses caresses, ses efforts sont réduits à néant car le corps de la femme ne peut que les comparer à la fougue d'avant et rester profondément insatisfaite.

Que faire alors ? Attendre le lendemain ? Se plaindre gentiment mais fermement ? Geindre et pleurnicher ? Ou remettre ses talons aiguilles et lui écraser les…

SAUMON EN TÉRIYAKI
RIZ ACCOUPLÉS

• EN CUISINE •

2 filets de saumon
2 cuillères à café d'huile de tournesol ou arachide
1 cuillère à café de graines de sésame noir et blanc
2 petits bols de riz cuit nature

Pour la marinade
1 cuillère à soupe de saké japonais
1½ cuillère à soupe de mirin
3 cuillères à soupe de sauce soja

1.- Mélangez les ingrédients de la marinade et faites-y mariner les filets de saumon pendant 10 minutes.

2.- Égouttez le saumon sur du papier absorbant pour lui enlever toute trace d'humidité. Retirez la peau. Coupez le filet en dès. Faites chauffer l'huile à feu moyen dans une poêle et dorer un côté des filets, puis retournez-les pour faire dorer l'autre face.

3.- Couvrez la poêle et laissez cuire le poisson à cœur, pendant environ 2 à 3 minutes. Versez le reste de la marinade sur le poisson et remuez la poêle pour bien enrober le poisson dans cette sauce. Servez chaud avec du riz nature parsemé des graines de sésame.

• CONSEILS •

Si vous préférez un tériyaki plus sucré, ajoutez 1 à 2 cuillères à café de sucre dans la marinade. À la fin de la cuisson, vous pouvez faire réduire la sauce pour obtenir une sauce plus ou moins épaisse et caramélisée, mais attention, elle brûle vite surtout si vous mettez du sucre. Si vous ne disposez pas de mirin, remplacez-le par du sucre et du saké. Si vous n'avez pas de saké, remplacez-le par du vin blanc très sec (la sauce sera néanmoins plus amère).
Dans la cuisine asiatique, beaucoup de plats sont sucrés-salés. Ces derniers se prêtent plus facilement à une entrée en matière d'amour, sans doute grâce à leur douceur. Pourtant le sucre n'a jamais fait bander personne... Mais après tout, dans le sexe, tout n'est-il pas dans la tête ?

PROFONDEURS INTERDITES
LA CUISINE DU KÂMA SŪTRA ET AUTRES DÉLICES D'ASIE

" Il embrasse une
ressemblance imaginaire
qu'il attribue à l'objet de son
amour. Avec des mots tendres
il embrasse cette présence
illusoire, cette image […]
puis saisi par l'excitation,
la touche avec une sensualité
exaltée […] et ressent une
satisfaction érotique. "

UNE SALOPETTE PAS COMME LES AUTRES

Le plaisir sexuel ne se limite pas forcément à l'acte, mais il peut être mental, sensuel, imaginaire…

Ce soir-là, il se sentait seul, un peu triste, un peu désemparé, tout en ayant envie de quelque chose, quelque chose de bon, quelque chose de délicieux. Il était dans un de ces curieux états dans lesquels nous nous retrouvons parfois, à la fois excité et apathique. Soudain, l'envie lui prit d'avoir de la compagnie. Une personne qu'il ne connaît pas. Qu'il pourrait découvrir. Mais sans l'effort de la chasse.

C'est facile. Grâce à Internet. Il surfe et trouve la femme de ses rêves, son rêve de ce soir. D'après la description, elle est grande, belle. Parfaite.

Ce n'était que pour une heure. Lorsqu'il ouvrit la porte, il ressentit une certaine gêne. Elle était belle mais elle était… dure ? Stricte ? Il prend son parti et propose une conversation, un dialogue d'une heure, se connaître un peu et se séparer après. Son but n'était pas sexuel, son excitation n'était pas physique. Son envie n'était que mentale, ou était-ce de la tristesse, la déprime quoi ! L'envie de parler et d'écouter.

Elle fut surprise mais après tout, pourquoi pas ? Elle en a bien vu d'autres, dans son métier. Elle s'assoit. Ils sont face à face, mal à l'aise. Il lui raconte sa vie. Mais cela ne l'intéresse pas. La conversation est lente, douloureuse. La soirée sera-t-elle un échec ?

À bout de forces, il lui demande tout simplement de se déshabiller. Elle sauta sur ses pieds, heureuse d'avoir quelque chose à faire, de positif, de « normal ». C'est là qu'il eut le grand plaisir de découvrir ses sous-vêtements : un string avec des bretelles ! Quelle joie ! Il n'avait jamais vu un tel accessoire féminin. Pris d'une gaieté intérieure – ce n'était pas de la moquerie, cela lui allait tellement bien, elle était tellement belle dans cette salopette minimaliste ! – il lui caresse tout simplement les fesses. Ni plus, ni moins. Et il est l'heure pour elle de partir.

Lorsqu'il referma la porte, il était heureux.

DAURADE TOUT DE NOIR VÊTUE

• EN CUISINE •

1 grand filet de daurade ou 2 petits
1 grande feuille d'algue nori ou 2 petites
1 cuillère à café de fécule ou amidon (Maïzena®)
10 g de beurre

Pour se rincer les doigts
1 bol d'eau avec une tranche de citron

1.- Avec une pince à épiler, enlevez soigneusement toutes les arêtes de la daurade. Coupez-la en bâtonnets.

2.- Coupez la feuille d'algue nori en bandes suffisamment larges pour envelopper entièrement chaque bâtonnet de daurade, avec les bords qui se superposent légèrement. Diluez l'amidon dans un peu d'eau. Avec votre doigt, appliquez un peu de ce mélange sur les bords de l'algue nori : l'amidon agit comme une colle. N'en abusez pas, le nori se fragmente très vite au contact de l'eau.

3.- Faites fondre le beurre dans une poêle à feu moyen. Disposez délicatement les bâtonnets de poisson entourés de nori dans la poêle en évitant qu'ils ne se touchent. Faites-les cuire pendant environ 4 à 8 minutes suivant l'épaisseur des bâtonnets, en les retournant dès que chaque côté est doré et croustillant. Servez chaud, nature ou avec de la crème de tofu.

• CONSEILS •

Si vous n'aimez pas la peau, demandez à votre poissonnier de l'enlever. Les algues sont riches en minéraux, acides aminés, zinc et phosphore. Tout pour tonifier et stimuler la libido !
Pour un dîner en amoureux, à manger avec les doigts, serrés l'un contre l'autre, les jambes entremêlées et les mains qui caressent, entre deux bouchées.

LA CUISINE DU KÂMASÛTRA
PROFONDEURS INTERDITES
ET AUTRES DÉLICES D'ASIE

CRÈME DE TOFU AU SÉSAME

• EN CUISINE •

1 tofu soyeux
½ cuillère à café de sésame blanc
1 ou 2 gouttes d'huile de sésame (facultatif)
ou 1 cuillère à café de crème fraîche (facultatif)
1 goutte de sauce soja

1.- Écrasez les graines de sésame au mortier et pilon ou, si vous disposez d'un robot, passez-les au robot dans le mode « épices ».

2.- Dans un grand bol, réduisez le tofu en crème avec une grande cuillère ou un fouet. Si le tofu est trop compact, ajoutez une ou deux gouttes d'huile de sésame, ou une cuillère à café de crème fraîche.

3.- Mélangez bien le sésame, le tofu et la sauce soja.

• CONSEILS •

Le tofu est fait de haricots de soja, reconnus pour leurs propriétés régulatrices des hormones féminines.
Vous obtiendrez une crème plus lisse si vous disposez d'un robot. Passez d'abord le sésame au cycle « épices » pour bien moudre les graines, puis mixez le tofu au robot au cycle « hacher » avec le sésame et la sauce soja.
Cette crème accompagne aussi bien la daurade de la page précédente que des bâtonnets de légumes en apéritif ou en entrée. Vous pouvez ajouter un peu de piment, du sel, du poivre, du cumin, du carvi, de l'estragon. Les variations sont à l'infini et au gré de vos envies.
En revanche, pour utiliser cette crème dans un jeu sexuel – comme crème à tartiner sur le corps –, évitez les épices et faites bien attention que des graines de sésame mal moulues ne s'égarent pas dans des petits coins... Si vous l'utilisez comme un lubrifiant naturel et parfaitement comestible qui remplacera les gels chimiques et inquiétants, ne mettez pas de sésame et vous obtiendrez une crème absolument lisse.

DÉLICES CHARNELS

POULET RÔTI EN TANDOORI

• EN CUISINE •

300 g de blancs de poulet
1 cuillère à soupe d'épices tandoori (voir p. 216)
1 pot de yaourt entier nature
1 concombre
1 cuillère à soupe de jus de citron vert
1 pincée de sel

Pour la marinade du concombre
3 cuillères à soupe de vinaigre,
3 cuillères à soupe d'eau, 2 cuillères à soupe de sucre,
1 pincée de sel

1.- Mélangez le yaourt, les épices, le sel et le jus de citron. Coupez le poulet en bouchées. Faites-le mariner dans le mélange tandoori pendant au moins 30 minutes, en le retournant de temps en temps.

2.- Faites chauffer une grille au four pendant 10 minutes. Placez-la sur la plaque du four dans laquelle vous aurez versé un peu d'eau (pour éviter que le jus du poulet brûle la plaque). Disposez les morceaux de poulet sur la grille et passez-les au gril à 220°-230° C, environ pendant 15 à 20 minutes selon la taille des morceaux, en les retournant une fois à mi-cuisson.

3.- Lavez, séchez et détaillez avec une mandoline le concombre en tranches très fines. Préparez la marinade et faites tremper les tranches de concombre dedans. Égouttez-les et disposez-les joliment dans le fond d'une assiette. Posez le poulet par-dessus et servez, avec du riz basmati, ou du pain indien (nan ou chapati).

• CONSEILS •

Les mélanges pour tandoori prêts à l'emploi sont vendus en bocaux : suivez les indications sur le bocal. Le concombre ainsi mariné n'est pas du tout indien mais plutôt thaïlandais : je trouve néanmoins qu'il se marie bien avec le tandoori, sa douceur calme le feu des épices, mais vous pouvez très bien le laisser nature.

DÉLICES CHARNELS
LA CUISINE DU KÂMA SÛTRA ET AUTRES DÉLICES D'ASIE

Les Apadravyas

"Si l'homme est incapable de satisfaire la femme, il peut recourir aux Apadravyas ou objets qui, mis sur la verge ou autour, en augmentent la longueur ou la grosseur.

Ces objets doivent être d'or, d'argent, de cuivre, de fer, d'ivoire, de corne de buffle, de bois de différentes sortes, en peau, en cuir, doux, frais, et appropriés à leur but.

Le brassard est un anneau de la longueur de la verge au-dessous de sa tête. Il doit être rude et garni de petites saillies hémisphériques ou globuleuses.

Le couple est formé de deux anneaux.

Le bracelet est formé de plusieurs anneaux ayant ensemble la longueur de la verge.

Le bracelet unique est un fil métallique enroulé autour de la verge.

Le Jalaka est un tube en métal ouvert à ses deux extrémités. Il est rude et parsemé de saillies rondes douces au toucher. Il a les dimensions du vagin et on l'attache à la ceinture.

À défaut du Jalaka, un tube fait de bois de pommier ou la tige cylindrique d'une gourde ou d'un roseau amolli avec de l'huile et des essences de plantes, qui s'attache à la ceinture avec des cordons ; ainsi qu'une rangée de petits morceaux de bois doux attachés ensemble.

Ces objets peuvent servir en complément de la verge, ou la remplacer."

COMMENT FAIRE JOUIR UNE FEMME AVEC UN CONCOMBRE

Préparez la recette de la page précédente. Prenez soin d'émincer le concombre en tranches très fines.

Allongez votre partenaire sur le lit après l'avoir déshabillée entièrement (prévoyez des draps qui peuvent être mouillés). Bandez-lui les yeux.

Prenez une tranche de concombre frais, et posez-la sur sa poitrine, à la naissance des seins. Prenez une deuxième tranche de concombre et posez-la juste en dessous du nombril. La troisième, juste à côté d'un mamelon. La quatrième, juste à côté de l'autre mamelon. La cinquième, entre les côtes… et ainsi de suite. Pour l'instant, évitez de poser les tranches de concombre directement sur les zones érogènes qui varient selon l'individu. Posez le concombre à proximité de ces zones.

Prenez votre temps. Ne vous pressez pas. Mais ne soyez pas trop long non plus, votre partenaire pourrait s'endormir. Soyez attentif à ses réactions et adaptez votre rythme.

Dès que vous sentez que votre partenaire est prête (signes révélateurs : chair de poule, durcissement des zones génitales), posez les tranches de concombre directement sur les seins et le clitoris. Il faut au préalable lui écarter doucement les cuisses. Si les tranches de concombre sur certaines parties du corps sont devenues chaudes, remplacez-les par des tranches fraîches.

À ce stade, si vous sentez que votre partenaire est suffisamment excitée, vous pouvez la pénétrer doucement, sans la toucher. Vous êtes libre de laisser, enlever, frotter ou manger les tranches de concombre. De toute façon, au point où vous en êtes, cela n'aura aucune espèce d'importance…

Pour finir, mangez le poulet. Il sera tout froid mais vous aurez probablement très chaud.

BROCHETTES
AUX ÉPICES

• EN CUISINE •

Pour une brochette
(multipliez ensuite les quantités par le nombre
de brochettes désirées)
20 g de poulet, bœuf, porc, canard
Quelques gouttes d'huile d'olive ou sésame (facultatif)
Petites brochettes en bois

Épices
Cannelle + curcuma
Cumin + poivre de Sichuan
Cardamome + gingembre

1.- Coupez la viande en petites bouchées, environ 1 cm x 1 cm.

2.- Mélangez les épices de votre choix. Pour les épices entières comme le poivre de Sichuan ou la cardamome, écrasez-les dans un mortier avec un pilon.

3.- Mélangez la viande et les épices. Ajoutez un filet d'huile si vous utilisez des viandes sèches comme du blanc de poulet, du filet de bœuf ou encore du porc. Laissez reposer 10 minutes. Pendant ce temps, trempez les brochettes dans l'eau. Piquez les morceaux de viande sur une brochette, environ 5 morceaux par brochette. Répétez l'opération pour toute la viande que vous avez préparée. Faites cuire, en retournant souvent, si possible sur un gril posé directement sur le feu, sinon au four.

• CONSEILS •

Si vous faites cuire les brochettes au four, recouvrez la partie découverte de la brochette d'aluminium ménager pour éviter qu'elle ne soit carbonisée.
Toutes ces épices sont tonifiantes ou stimulantes. Les associer leur donnerait-il deux fois plus d'effet ? Tout ce que je sais, c'est que c'est délicieux. Et qu'après, on a toujours des sensations imprévues…

LA CUISINE DU KÂMA SÛTRA ❋ DÉLICES CHARNELS ❋ ET AUTRES DÉLICES D'ASIE

“ Au commencement,
le Seigneur des Créatures donna
aux hommes et aux femmes
les règles de leur existence
à l’égard de :

Dharma, ou la morale
Artha, ou la richesse
Kâma, ou l’amour

Ce sont les trois buts
que l’homme doit poursuivre
dans la vie. Il ne doit point
sacrifier le Kâma à l’Artha car
le plaisir est aussi nécessaire
à l’existence que la nourriture. ”

LES ANCIENS AVAIENT TOUT COMPRIS

J'adore manger avec les doigts. Et les dents bien sûr. Avec ces brochettes en bois, la viande colle mais elles sont suffisamment courtes pour que l'on puisse manger sans détacher chaque morceau avec une fourchette, comme on ferait avec les grandes brochettes de barbecue. Il faut juste agripper chaque morceau avec les dents de devant et tirer la brochette horizontalement. Souvent cela laisse une marque d'épices et de salé dans la commissure de lèvres, qu'on lèche comme un enfant qui s'est couvert de glace. Ou que votre amoureux vous essuiera, si possible avec sa langue... c'est un endroit particulièrement sensible à certaines caresses...

C'est bon de manger comme cela, devant la télé, dans le canapé, au lit... Est-ce le mélange d'épices, la position ou la situation, qui nous donne envie après de nous embrasser, de nous effleurer, de nous toucher ?

J'ai toujours pensé que manger et faire l'amour avaient beaucoup en commun. Pour une femme, les deux actes impliquent une pénétration, soit de la bouche, soit du sexe, c'est-à-dire les trous qui sont en haut et en bas du corps. Et il suffit de regarder certaines publicités à la télévision, notamment des glaces, pour comprendre que les publicitaires jouent beaucoup sur l'évocation érotique que suscite une bouche féminine et sensuelle qui mange. Et c'est bien connu que les gourmandes sont... plus gourmandes.

Alors que ne fut ma surprise lorsque j'ai constaté que dans beaucoup de gravures érotiques hindoues, les amants – surtout la femme ! – mangent en faisant l'amour.

La meilleure dégustation est celle qui associe l'épice en bouche et le feu au corps !

CURRY THAÏ DE POULET ET CHAMPIGNONS DE PAILLE AU LAIT DE COCO

• EN CUISINE •

150 g de blanc de poulet
½ boîte de champignons de paille (boîte de 425 g)
½ boîte de bambou en fins bâtonnets (boîte de 340 g)
30 cl de lait de coco
½ cuillère à soupe de pâte
de curry rouge thaïlandais (voir p. 215)
1 cuillère à café d'huile
Le jus de 1 citron vert ou jaune
Quelques gouttes de nuoc mam (facultatif)

1.- Émincez le poulet en fines tranches. Coupez les champignons en deux, verticalement. Faites chauffer l'huile dans une casserole à feu moyen et faites revenir la pâte de curry pendant 1 minute en remuant bien. Ajoutez le poulet, en remuant constamment.

2.- Ajoutez le bambou et les champignons, donnez un tour de spatule, puis versez le lait de coco. À toute première ébullition, baissez le feu et laissez mijoter pendant 10 minutes sans faire bouillir et en remuant de temps en temps.

3.- Hors du feu, ajoutez le jus de citron et, vous pouvez, si vous le souhaitez, incorporer progressivement du nuoc mam en mélangeant bien et en goûtant pour vous assurer que ce n'est pas trop salé.

4.- Servez avec du riz blanc ou du riz gluant thaïlandais nature (voir p. 214). Servez le riz dans un bol et versez le curry par-dessus.

• CONSEILS •

Les champignons de paille ressemblent à des petits œufs. Lorsqu'ils sont coupés en deux, on distingue le chapeau à l'intérieur.
Ce curry est également savoureux avec du poisson ou des crevettes.
Le poulet doit être émincé assez finement pour qu'un couteau ne soit pas nécessaire : la cuillère est le seul ustensile qui peut être confortablement utilisé dans un lit. Ne servez pas des portions trop importantes si vous voulez continuer votre folle nuit d'amour…

Des étreintes

“Quatre étreintes indiquent l’amour mutuel :
Le toucher : il se place à côté ou en face d’une femme, et touche son corps avec le sien.
La pénétration : dans un lieu solitaire, elle se penche pour prendre quelque objet, et pénètre de ses seins l’homme qui, à son tour, la saisit et la presse.
Le frottement : ils se promènent lentement, dans l’obscurité, ou dans un lieu solitaire, et frottent leurs corps l’un contre l’autre.
La pression : dans les mêmes circonstances, l’un presse fortement le corps de l’autre contre un mur ou un pilier.

Quatre étreintes sont utilisées dans l’amour :
Le lierre : l’enlaçant comme le lierre l’arbre, elle penche la tête sur la sienne pour le baiser en poussant de petits cris : sut, sut ; et le regarde amoureusement.
Grimper à l’arbre : mettant un pied sur le pied de l’homme et l’autre sur sa cuisse, elle passe un de ses bras autour de son dos et l’autre sur ses épaules, chante et roucoule doucement, et grimpe sur lui pour cueillir un baiser.
Le sésame et le riz : ils sont couchés et s’étreignent si étroitement que leurs cuisses et bras s’entrelacent et se frottent ensemble, comme le mélange du sésame et du riz.
Le lait et l’eau : dans la passion, ils ne pensent ni à la douleur ni au mal, s’étreignent comme si leurs corps se pénétraient l’un et l’autre.

Quatre étreintes sont spécifiques à certaines régions du corps :
L’étreinte des cuisses : l’un presse fortement l’une ou les deux cuisses de l’autre entre les siennes.
L’étreinte du Jaghana : il appuie fortement le Jaghana de la femme contre le sien, monte sur elle pour la griffer, la mordre ou la baiser, les cheveux de la femme sont lâchés et flottants.
L’étreinte des seins : il presse sa poitrine entre les seins de la femme.
L’étreinte des fronts : l’un ou l’autre touche la bouche, les yeux et le front de l’autre avec le sien. ”

Jaghana : milieu du corps, entre le nombril et le haut des cuisses

CANARD AUX RAISINS SECS ET GRAINES DE CORIANDRE

• EN CUISINE •

1 ou 2 filets ou magrets de canard
1 bonne cuillère à soupe de chaque :
raisins secs, graines de coriandre
1 cuillère à café de chaque :
sucre, vin blanc, nuoc mam, huile

1.- Coupez le canard en gros dés. Mettez l'huile à chauffer dans une poêle ou un wok à revêtement antiadhésif. Faites revenir à feu doux les graines de coriandre pendant 2 minutes et retirez-les de la poêle.

2.- Dans la même poêle, faites cuire à feu vif le canard, en remuant constamment. Juste avant qu'il soit à la cuisson de votre choix (rosé 5 minutes ou à point 10 minutes), ajoutez dans l'ordre : les raisins, les graines de coriandre, le sucre, le vin blanc et le nuoc mam. Baissez le feu au minimum et, en remuant constamment, faites cuire le tout pendant 1 ou 2 minutes jusqu'à ce que les raisins aient un peu gonflé en absorbant le jus de cuisson.

3.- Servez chaud avec du riz nature ou des légumes.

• CONSEILS •

Retirez la peau du canard avant de le découper en dés si vous ne l'aimez pas. À la cuisson, la graisse du canard fera beaucoup crépiter et giclera partout. Si cela vous dérange, vous pouvez couvrir la poêle aux deux tiers en laissant une ouverture pour que la vapeur puisse s'échapper. L'association de raisins secs un peu juteux et sucrés avec les graines de coriandre qui craquent est très sensuelle en bouche… de quoi vous donner des envies de mordre d'autres chairs que celle du canard…

LA CUISINE DU KÂMA SÛTRA ET AUTRES DÉLICES D'ASIE
DÉLICES CHARNELS

Des griffures

“**La sonore** : l'un presse le menton, les seins, la lèvre inférieure ou le Jaghana de l'autre si doucement que cela ne laisse aucune marque, mais donne la chair de poule, et les ongles font un bruit de grattement.
La demi-lune : la courbe d'un seul ongle que l'on imprime sur le cou ou les seins.
Le cercle : deux demi-lunes face à face. Cette marque se fait ordinairement sur le nombril, dans les petits creux qui se forment autour des fesses dans la station droite, et à l'entrecuisse.
Le trait : un petit trait d'ongle que l'on imprime sur une partie quelconque du corps.
La griffe de tigre : ligne courbe tracée sur le sein.
La patte de paon : courbe semblablement tracée sur le sein avec les cinq ongles ; celui qui la réussit est considéré comme un artiste.
Le saut du lièvre : la marque des cinq ongles est faite autour du bouton du sein.
La feuille de lotus bleu : marques faites sur les seins ou les hanches en forme de feuilles de lotus.

On ne fait point de marques avec les ongles sur les femmes mariées ; mais on peut faire des marques particulières sur les parties cachées de leur corps, comme souvenir et pour accroître l'amour.

Les marques des ongles même anciennes et presque effacées rappellent à une femme et réveillent son amour qui, sans cela, pourrait se perdre tout à fait.

Une jeune femme sur les seins de laquelle apparaissent ces empreintes impressionne même un étranger qui les aperçoit à distance.

Un homme qui porte des marques d'ongles et de dents réussit auprès des femmes, même celles qui sont rebelles à l'amour. ”

DÉS DE PORC CARAMÉLISÉS UN PEU COMME AU VIETNAM

• EN CUISINE •

200 g de porc (filet mignon, côte désossée)
10 à 20 g de gingembre frais émincé
2 ½ cuillères à soupe de nuoc mam
2 cuillères à soupe de sucre
1 cuillère à soupe d'eau
1 cuillère à café d'huile
Un peu de poivre moulu

1.- Coupez le porc en petits cubes, de la taille d'un gros dé. Dans une poêle ou un wok, faites chauffer l'huile à feu moyen. Ajoutez le gingembre. Faites-le revenir à feu doux pendant 2 minutes. Ajoutez le porc. Faites-le revenir à feu vif en remuant constamment pendant 5 à 10 minutes. Réservez.

2.- Dans une casserole, versez le sucre et l'eau et mélangez bien jusqu'à ce que le sucre soit dissout. Faites chauffer ce liquide à feu moyen. Surveillez-le attentivement en agitant et en tournant la casserole pour répartir la chaleur. Une fois le sirop en ébullition, il se colorera progressivement.

3.- Dès que vous obtenez un caramel doré, incorporez le nuoc mam, puis ajoutez le porc et le poivre. Mélangez bien, assurez-vous que le porc est cuit à cœur. Servez chaud, avec du riz nature ou des brioches nature (voir p. 146).

• CONSEILS •

N'attendez pas que le caramel soit trop coloré, il aura un goût de brûlé. Ce plat se prête bien évidemment au jeu. Accompagnez-le de deux dés, avec lesquels vous pouvez jouer, soit à « celui qui gagne mange un dé de porc » ou « celui qui perd enlève un vêtement ».

LA CUISINE DU KÂMASÛTRA
DÉLICES CHARNELS
ET AUTRES DÉLICES D'ASIE

“ Ils jouaient ensemble
au jeu de la ficelle qu’on tire,
des mains superposées, du dé
caché dans la main fermée,
à s’attraper le doigt du milieu,
ou au jeu des six cailloux,
et autres jeux qu’ils pratiquaient
à la maison avec des camarades
ou des serviteurs. ”

PORC AUX AMANDES ET BAIES DE GOJI

• EN CUISINE •

300 g de porc (échine ou filet mignon)
½ poignée de baies de goji
1 poignée d'amandes crues pelées
1 gousse d'ail écrasée (facultatif)
2 cuillères à café d'huile d'arachide ou tournesol
1 goutte de sauce soja
ou 1 cuillère à café de nuoc mam
Sel (facultatif), poivre

1.- Coupez le porc en dés ou petites bouchées. Dans un wok ou une poêle à revêtement antiadhésif, faites chauffer l'huile à feu moyen. Ajoutez les baies de goji et faites-les revenir pendant 3 à 4 minutes à feu doux. Si vous utilisez de l'ail, ajoutez-le et faites-le revenir pendant 2 minutes.

2.- Ajoutez le porc et faites-le cuire à feu moyen en mélangeant constamment pendant 3 à 4 minutes.

3.- Ajoutez enfin les amandes et mélangez bien le tout. Arrosez l'assaisonnement de votre choix. Assurez-vous que le porc est cuit à cœur et servez chaud.

• CONSEILS •

Cette recette se réalise également avec des crevettes ou encore du poulet. Si vous utilisez du blanc de poulet, faites-le mariner après l'avoir coupé en morceaux dans un peu de sauce soja et du vin blanc pour éviter qu'il soit trop sec.
Non seulement les baies de goji sont excellentes pour la santé, en développant les défenses naturelles de l'organisme, elles augmentent également le taux d'androgènes dans le sang, la qualité et la quantité de sperme.

LA CUISINE DU KÂMA SÛTRA ET AUTRES DÉLICES D'ASIE
DÉLICES CHARNELS

" Mais si l'amant
a un petit pénis,
Peu importe le temps que
passe l'homme à besogner,
Les femmes, dit-on,
ne deviennent pas très
éprises de lui,
Parce qu'il ne soulage
pas leur désir. "

Dicton cité par Yashodhara.

ON DIT QUE…

… les hommes sont souvent obsédés par la taille de leur pénis. Est-il assez long ? Assez large ? Trop petit ? Plus petit que celui du voisin ?! Et à nous les femmes de les rassurer en disant « c'est la performance qui compte, et non la taille ». Ce qui prouve bien que nous sommes des hypocrites, car nous savons bien que la taille compte autant que ce qu'ils en font…

C'était une belle rousse, au tempérament correspondant. Lui, beau brun, joli garçon, charmeur. Après plusieurs rendez-vous de plus en plus amoureux, ils passèrent enfin leur première nuit ensemble. Le lendemain, elle vint en catastrophe chez moi : « Tu sais quoi ? Son sexe ? Il est MINUSCULE ! Je n'en ai jamais vu d'aussi petit ! Tiens, je vais te montrer… ». Elle fouilla dans son sac et en sortit un bâton de rouge à lèvres. Qui n'était même pas un rouge à lèvres normal, mais un tout petit, un mini bâton de rouge, à peu près de la taille de son petit doigt.

« C'est dommage, soupira-t-elle en se remettant du rouge à lèvres, il était gentil, riche, intelligent… toutes les qualités, quoi ! Mais son sexe … ridiculement petit ». Et elle ne le revit plus jamais.

Un autre jour, elle rencontra un courtier en bourse, dans un bar d'hôtel, à Tokyo. Il était de passage au Japon, en voyage d'affaires. Elle aussi. C'était une histoire d'une nuit, ils le savaient l'un et l'autre, et cela leur convenait parfaitement. De retour en France, elle me raconta que le pénis de cet homme, dont elle ne se souvenait plus du nom, était d'une taille tout à fait respectable, mais était d'une forme inhabituelle : « Cela m'a fait penser à la bombe d'Hiroshima, tu sais, le nuage nucléaire. Peut-être parce que j'étais au Japon. Un gland énorme sur une verge fine. Comme un champignon. Je ne sais pas si ça pourrait être bon pour d'autres femmes, après tout nous ne sommes pas faites pareilles, mais moi, je n'ai pas aimé du tout. Ça faisait rentrer trop d'air… ».

Peut-être était-elle une *éléphante*. Si les hommes mesurent leur pénis (paraît-il) il est rare que les femmes mesurent leur vagin. Peut-être que les femmes devraient attacher plus d'importance à leur taille intérieure, et moins à leur physique extérieur. Mais il semblerait que la taille n'est pas tout : la forme aussi a son importance. Mieux vaut un beau pénis bien droit, bien rond, bien lisse, avec une jolie tête, qu'un sexe en forme inversée qui fait rentrer de l'air, avec trop d'aspérités sur sa surface, trop courbé comme une banane, ou encore tout aplatie, presque rectangulaire comme la saucisse gendarme.

Et la forme du vagin alors ?

VERGES ÉPICÉES

MON CURRY INDIEN VÉGÉTARIEN

• EN CUISINE •

1 grande boîte de pois chiches
1 grosse tomate ou 2 petites
2 pots de yaourt nature
1 cuillère à soupe de chaque :
cumin entier, graines de coriandre,
carvi, raisins secs
1 cuillère à café de piments rouges
2 cuillères à café d'huile végétale
½ cuillère à café de poivre noir moulu
Sel (facultatif)

1.- Coupez grossièrement la tomate. Égouttez soigneusement les pois chiches.

2.- Faites chauffer l'huile dans une grande casserole à feu moyen. Baissez le feu, versez toutes les épices et faites-les revenir 2 minutes environ. Ajoutez les pois chiches et mélangez bien, toujours sur feu moyen, pendant 1 minute. Ajoutez la tomate et le yaourt, mélangez bien pendant 1 à 2 minutes, puis baissez le feu au minimum. Laissez mijoter jusqu'à ce que le liquide ait un peu évaporé (20 minutes environ). Ajoutez les raisins. Lorsqu'ils sont bien gonflés et que le curry n'est plus liquide mais ressemble à des pois chiches enrobés de sauce, le curry est prêt. Goûtez et ajouter du sel au besoin.

3.- Servez avec des chapati, des nan, du riz basmati nature, ou encore en accompagnement d'une viande ou d'un poisson.

• CONSEILS •

Ceci est un curry que j'ai « inventé ». Vous ne trouverez pas cette recette dans un livre de cuisine indienne, car elle est totalement hérétique. Néanmoins, elle a un franc succès auprès de mes invités. Certains aiment la tomate non pelée : la peau se détache de la chair et s'enroule, formant des sortes de cylindres un peu croquants. Certains préfèrent sans peau. Quant aux épices… moulues pour une sauce plus lisse, ou entières pour plus de croquant ? Pour ma part, j'aime croquer les épices et sentir l'explosion de parfums dans ma bouche.

LA CUISINE DU KÂMA SÛTRA
VERGES ÉPICÉES
ET AUTRES DÉLICES D'ASIE

Des positions

PARTIE I

"Il y a trois classes d'homme selon la taille de son pénis : **le lièvre, le taureau et l'étalon.**

Il y a trois classes de femme selon la profondeur de son vagin : **la biche, la jument et l'éléphante.**

Il y a ainsi trois unions égales, c'est-à-dire entre des classes égales. Et six unions inégales. Les unions du taureau avec la biche, et de l'étalon avec la jument, sont dites supérieures.
Celle de l'étalon avec la biche est dite très supérieure. Les unions du lièvre avec la jument, le taureau avec l'éléphante, sont dites inférieures.
Celle du lièvre avec l'éléphante est dite très inférieure.

Les unions supérieures procurent le plus de satisfaction. Dans l'union supérieure, la femme doit se placer de manière à ouvrir le vagin. Dans l'union égale, elle se couche sur le dos dans la position naturelle et laisse l'homme lui faire un collier de ses bras.
Dans l'union inférieure, elle se pose de façon à rétrécir le vagin.

Les trois positions de la biche
Pleinement ouverte : elle tient sa tête très basse, de manière à élever le milieu du corps. L'homme doit alors appliquer sur son pénis ou sur le vagin de la salive ou quelque onguent lubrifiant pour faciliter l'introduction.
Baillante : la femme lève les cuisses et les écarte.
Celle de l'épouse d'Indra : elle croise ses pieds sur ses cuisses, ce qui exige de la pratique. Cette position est utile pour l'union très supérieure (étalon avec biche)."

COURGETTES AU GALANGA

• EN CUISINE •

1 courgette
40 g de galanga frais émincé
Quelques gouttes de jus de citron
1 cuillère à café d'huile de tournesol
Sel, poivre

1.- Lavez, séchez et coupez la courgette en tranches épaisses, puis détaillez chaque tranche en quartiers.

2.- Mettez l'huile à chauffer dans une poêle ou un wok à revêtement antiadhésif et faites revenir le galanga à feu doux jusqu'à ce qu'il devienne presque translucide.

3.- Ajoutez la courgette et laissez cuire à feu vif pendant environ 6 à 8 minutes en remuant constamment. Elle doit rester croquante.

4.- Assaisonnez de sel, de poivre et d'un peu de jus de citron. Servez chaud ou froid.

• CONSEILS •

Les courgettes au galanga accompagnent à merveille les brochettes aux épices (voir p. 102), les anneaux de calamar (voir p. 80), ou tout autre plat un peu « sec », sans sauce. Il peut également se marier avec le canard aux raisins secs (voir p. 110), ou le porc aux baies de goji (voir p. 118).
Parfois appelé par son nom thaïlandais *kha*, le galanga est un peu difficile à trouver en France. Vous pouvez le remplacer par du gingembre, bien que les parfums et saveurs soient différents, les propriétés que l'on attribue à ces deux racines sont similaires. Le galanga est souvent utilisé dans les remèdes orientaux contre l'impuissance et la frigidité. Il agit sur l'afflux du sang arrivant aux organes sexuels et augmente le désir sexuel.

LA CUISINE DU KÂMA SÛTRA
VERGES ÉPICÉES
ET AUTRES DÉLICES D'ASIE

CAROTTES DOUCES DU JAPON

• EN CUISINE •

1 grosse carotte
10 g de gingembre frais émincé
½ cuillère à soupe de sésame noir
2 cuillères à café de chaque :
sucre, saké japonais, sauce soja
1 cuillère à café d'huile d'arachide ou de tournesol

1.- Détaillez la carotte en grosse julienne.

2.- Faites chauffer l'huile dans une poêle ou un wok à revêtement antiadhésif à feu moyen et laissez revenir le gingembre émincé pendant 1 minute. Ajoutez la carotte et faites cuire en remuant constamment pendant 1 minute.

3.- Ajoutez dans l'ordre : le sucre, le saké, la sauce soja, en donnant 2 tours de spatule entre chaque, pour bien mélanger. Ajoutez le sésame et retirez aussitôt du feu.

4.- Servez chaud ou froid.

• CONSEILS •

Si vous ne disposez pas de saké, vous pouvez utiliser du vin blanc assez sec qui donnera cependant une légère amertume au plat. Sinon, vous pouvez remplacer le saké par une cuillère d'eau.
Le sésame noir tonifie les reins en les refroidissant. On le dit aussi efficace contre la chute des cheveux ou l'apparition des cheveux blancs, que contre l'hypercholestérolémie ou l'hypertension. Le cholestérol et la tension sont en effet à surveiller si vous voulez vivre longtemps et en bonne santé, conditions nécessaires à une vie sexuelle (ou à une vie tout court !).
Tout ceci n'exercera bien évidemment pas d'influence directe sur votre épanouissement sexuel mais des reins qui fonctionnent bien sont indispensables à une bonne libido et une érection toujours prête à s'émouvoir, des cheveux brillants et jeunes vous attireront plus de partenaires ainsi que le seul qui compte !

CAPELLINI À LA CRÈME DE CURRY ET CHAMPIGNONS SHIITAKÉ

• EN CUISINE •

200 g de capellini
6 à 10 champignons shiitaké selon l'épaisseur
1 cuillère à café de brisures de truffes
1 cuillère à soupe de curry en poudre
3 cuillères à soupe de crème fraîche
20 g de beurre
2 à 3 pincées de sel et de poivre noir moulu
1 feuille d'algue nori
Un morceau de feuille d'or (facultatif)

1.- Lavez, séchez et retirez les pieds des champignons shiitaké. Coupez les chapeaux en lamelles fines, 1 mm d'épaisseur environ. Dans une poêle ou un wok à revêtement antiadhésif, faites chauffer le beurre à feu moyen. Versez la poudre de curry et faites-la revenir en remuant avec une cuillère en bois pendant 1 minute.

2.- Ajoutez les shiitaké et laissez-les cuire pendant 2 minutes, toujours à feu moyen. Ajoutez les brisures de truffe et prolongez la cuisson de 2 minutes. Versez la crème fraîche, baissez le feu et diluez la crème en mélangeant avec une cuillère en bois. Assaisonnez de sel et de poivre. Retirez la poêle du feu dès que la crème commence à bouillir et couvrez pour garder au chaud.

3.- Faites cuire les capellini selon les indications du paquet. Égouttez-les et dressez-les dans des assiettes. Nappez-les de la sauce. Déchirez l'algue nori en morceaux et éparpillez-les sur les pâtes. Décorez de la feuille d'or, si vous le souhaitez, et servez aussitôt, avec ou sans parmesan. Salez et poivrez au goût de chacun.

• CONSEILS •

Le champignon shiitaké est réputé en Asie pour ses propriétés stimulantes. Les truffes sont prisées depuis l'époque romaine et contiendraient une hormone végétale proche de l'hormone mâle, ce qui explique leur odeur particulière. La feuille d'or ajoute une note de luxe et de décadence suggestive…

LA CUISINE DU KÂMA SÛTRA ❋ VERGES ÉPICÉES ❋ ET AUTRES DÉLICES D'ASIE

Des positions

PARTIE II

" Les positions pour les unions inférieures et très inférieures :
Bouclante : l'homme et la femme ont leurs jambes étendues, celles de l'un sur celles de l'autre. La position peut être horizontale, de côté ; dans ce cas, l'homme doit se tenir sur le côté gauche. Cette règle doit être suivie toutes les fois que l'on est couché et quelle que soit la classe de la femme.
Pressée : la position bouclante où la femme serre son amant avec ses cuisses.
Entrelacée : la femme croise, avec l'une de ses cuisses, la cuisse de l'homme.
De la jument : la femme serre, comme dans un étau, le pénis engagé dans son vagin. Cela s'apprend seulement par la pratique.

En outre, Suvarnanabha donne d'autres positions :
Montante : la femme lève ses jambes toutes droites.
Baillante : la femme place ses deux jambes sur les épaules de l'homme.
Serrée : les jambes sont pliées et tenues par l'homme sur sa poitrine.
Demi-serrée : la position serrée mais où seulement une jambe est pliée.
Le bambou fendu : la femme met une jambe sur l'épaule de l'homme et étend l'autre jambe; puis prend la même position du côté opposé, et continue ainsi en alternant.
Enfoncement du clou : une des jambes de la femme est sur la tête de l'homme et l'autre est étendue de côté. Cela exige de la pratique.
Le crabe : les deux jambes de la femme sont repliées sur son estomac.
Le paquet : les deux cuisses de la femme sont levées et posées l'une sur l'autre.
Le lotus : la femme croise ses jambes l'une sur l'autre, en tenant les cuisses écartées.
Tournante : l'homme tourne autour de la femme sans sortir son pénis du vagin, tandis que la femme tient son corps embrassé. Cela exige de la pratique. "

SPAGHETTI AUX ASPERGES VERTES, CHAMPIGNONS ET ALGUES NORI

• EN CUISINE •

200 g de spaghetti
1 botte de mini asperges vertes,
ou 6 asperges vertes de taille normale
50 g de chaque : girolles et champignons enoki frais
1 gousse d'ail
20 g de beurre
1 feuille d'algue nori
Sel, poivre, 1 goutte de sauce soja

1.- Faites cuire les asperges, de préférence à la vapeur, sinon dans de l'eau bouillante salée pendant environ 5 minutes pour les mini, et 15 minutes pour les grandes. Égouttez-les bien. Faites cuire les spaghetti selon les indications du paquet. Retirez 1 minute du temps de cuisson indiqué. Égouttez-les bien.

2.- Nettoyez les champignons. Pour les champignons enoki, supprimez environ 3 cm au bas des pieds. Ils devraient rester attachés ensemble. Séparez-les grossièrement et lavez-les à l'eau courante. Écrasez ou émincez l'ail. Mettez le beurre à chauffer dans une poêle ou un wok à revêtement antiadhésif et faites revenir l'ail pendant 1 minute. Ajoutez les champignons et laissez-les cuire jusqu'à ce qu'ils soient tout juste un peu tendres. Ajoutez les asperges et enfin les spaghetti.

3.- Assaisonnez de sel, poivre et sauce soja. Mélangez rapidement (30 secondes) et dressez dans des assiettes. Déchirez la feuille de nori en petits morceaux et éparpillez-les sur les pâtes. Servez aussitôt.

• CONSEILS •

Champignons, asperges et algue nori. Trois sources de stimulants sexuels connus et réputés depuis des siècles, dans différentes cultures, assemblées ici en un seul plat frais, savoureux et sain. Pour rehausser le parfum du nori, asséchez-le en passant la feuille entière rapidement sur le feu avant de l'émietter. Un aller-retour du poignet suffit.

LA CUISINE DU KÂMA SÛTRA
VERGES ÉPICÉES
ET AUTRES DÉLICES D'ASIE

" Un plat fait d'asperges, de fruits épineux crocs-de-chien et de graines de lin écrasées, cuisiné avec quatre volumes d'eau [...] et consommé ensuite tôt chaque jour au début du printemps, est une nourriture rituellement pure qui accorde virilité et longévité, et laisse couler les fluides."

DOUCEURS ET FRISSONS

BANANE
AU CHOCOLAT

• EN CUISINE •

1 banane ferme pas trop mûre
80 g de chocolat noir
1 pincée de cannelle et/ou de gingembre moulus
2 gouttes d'huile végétale neutre
1 grille sur pieds (par exemple une grille à gâteau)

1.- Épluchez la banane soigneusement afin de garder la peau la plus intacte possible. Réservez la peau et mettez la banane au congélateur pendant 20 à 30 minutes. Elle doit être bien froide mais non congelée.

2.- Faites fondre le chocolat au bain-marie. Lorsqu'il est bien lisse, ajoutez la cannelle ou le gingembre. Mélangez pendant 1 minute sans faire bouillir, puis ajoutez les deux gouttes d'huile et mélangez à nouveau.

3.- Sortez la banane du congélateur. Posez la grille sur une assiette et la banane sur la grille : ceci permettra à l'excédent de chocolat de couler dans l'assiette, la banane chocolatée sera plus jolie.

4.- Versez le chocolat chaud directement sur la banane, en le lissant de manière homogène avec une spatule. Le froid de la banane durcira immédiatement le chocolat. Retournez la banane et répétez l'opération sur l'autre face de manière à la recouvrir entièrement de chocolat. Laissez durcir complètement puis remettez la banane dans sa peau.

• CONSEILS •

La banane est un aliment excitant. Autant pour celle qui déguste que pour celui qui regarde. La cannelle et le gingembre sont des épices qui réchauffent le corps. Et le chocolat, un aphrodisiaque qu'on aime. Alors une banane recouverte de chocolat qui la rend bien dure, aux parfums brûlants…

LA CUISINE DU KÂMA SÛTRA ❋ DOUCEURS ET FRISSONS ❋ ET AUTRES DÉLICES D'ASIE

L' Auparishtaka ou le coït supérieur

" **L'union nominale** : tenir la verge dans la main et la presser entre ses lèvres, bougeant la bouche.
La morsure sur les côtés : saisir avec ses doigts ramassés comme le bouton d'une plante ou d'une fleur le bout du pénis et en serrer les côtés avec ses lèvres et les dents.
La succion extérieure : presser le bout du pénis avec ses lèvres fortement serrées et le pousser dehors par cette pression, puis le reprendre avec ses lèvres et répéter le même jeu.
La succion intérieure : introduire la verge dans sa bouche, la presser avec ses lèvres et la tirer en dehors ; puis la reprendre dans sa bouche et continuer ainsi.
Le baiser : tenir la verge dans sa main, la baiser à la manière décrite pour le baiser de la lèvre inférieure.
Le lèchement : après le baiser, toucher la verge de tous les côtés avec la langue et en lécher le bout.
La succion de la mangue : mettre la moitié de la verge dans sa bouche et la sucer avec force.
L'avalement : introduire la verge tout entière dans sa bouche et en presser le bout au fond de sa gorge, comme si on voulait l'avaler.

Les domestiques mâles font quelquefois l'Auparishtaka à leur maître. Il se pratique aussi entre intimes.
Quelques femmes du harem, très ardentes, se le font aussi entre elles, en unissant la bouche à la région sexuelle.

L'homme peut également caresser ainsi la région sexuelle de la femme et y faire les mêmes actes et mignardises que dans le baiser de la bouche. Lorsque l'homme et la femme se couchent tête-bêche et pratiquent mutuellement la caresse buccale, c'est **l'union du corbeau**."

DÉGUSTATION

J'ai toujours eu une façon particulière de manger les bananes. Ce n'est pas que la banane est un symbole phallique et que je l'assimile à un phallus. C'est juste qu'elle est meilleure ainsi. Est-ce par instinct, parce que lécher et sucer sont des actes que nous faisons naturellement ? Je ne sais pas. Mais lorsque je mange une banane, cela se termine toujours de la même façon…

Je prends la banane fermement dans la main. Je dépose sur sa pointe un baiser, léger, flottant. Lorsqu'elle est enrobée de chocolat, elle est fraîche et dure. C'est très agréable sur mes lèvres, des frissons me parcourent le corps. Le second baiser est plus appuyé, les lèvres pincées. C'est bon de sentir cette pointe ronde que j'ai déjà envie de lécher. J'ai un avant-goût de ce qui va suivre, des parfums enivrants, des épices, de l'amertume et du sucre doux. Je peux continuer, j'ai envie de continuer. J'enfonce la banane un peu plus loin dans ma bouche, doucement, puis je la retire, avec un léger mouvement de succion. Les parfums, plus prononcés cette fois, laissent dans leur sillon la légère amertume du chocolat. Je continue. Je l'enfonce plus loin. J'ai envie de la croquer mais je sais que c'est interdit. Pour l'instant. Le chocolat commence à fondre sous l'action du va-et-vient et la chaleur de ma bouche. C'est tellement bon…

Mon homme me regarde et je sais à quoi il pense. Je l'ignore, je fais semblant de lire mon livre. En fait, je ne suis plus capable de lire, nos pensées se rejoignent mais il ne le sait pas encore. Il croit que je mange une banane au chocolat en lisant un livre sans aucune autre pensée… le nigaud ! Je sais que cela l'excite, du coin de l'œil, je le vois porter sa main vers son ventre.

Je continue. Le mouvement de piston est de plus en plus rapide. Le chocolat a fondu et se mêle à la banane. Amertume, chaleur des épices, sucre doux et fondant de la banane. J'écrase la pulpe entremêlée de banane et de chocolat avec le palais et la langue, après avoir joué avec les sensations de froid, de dur, de fondant, je l'avale enfin.

Je m'enfonce un peu plus dans les coussins du canapé et j'attends la suite...

BRIOCHES SURPRISE
À LA VAPEUR

• EN CUISINE •

Pour 5 brioches
100 g de farine
½ cuillère à café de levure chimique
4 cuillères à soupe de sucre
9 cl de lait
1 pincée de sel
Au choix, pour la farce, un dé ou une cuillère à café de : chocolat, banane, pomme, poire, purée de sésame sucrée, confiture…
5 moules en silicone (petits moules à muffin, cupcake, etc.)
Un appareil pour cuisson à la vapeur

1.- Tamisez ensemble la farine et la levure. Sur feu doux, mélangez le sucre, le sel et le lait. Laissez refroidir, puis incorporez-y le mélange de farine et de levure, et tournez 3 à 4 fois à l'aide d'une spatule. Pendant ce temps, faites bouillir l'eau de l'appareil de cuisson.

2.- Déposez une cuillerée à soupe de pâte dans le moule. Répétez l'opération pour tous les moules. Au centre de la pâte, enfoncez la farce de votre choix. Si la farce est molle, faites un puits dans la pâte et déposez-y la farce. Renfermez hermétiquement la pâte, sinon, la farce sortira de la pâte à la cuisson.

3.- Déposez les moules dans l'appareil de cuisson (l'eau doit bouillir à gros bouillons et dégager une bonne vapeur). Recouvrez d'un torchon (pour éviter que les gouttes de condensation ne tombent sur les brioches) et posez le couvercle par-dessus. Faites cuire pendant une douzaine de minutes. Les brioches sont cuites lorsque vous les piquez d'une brochette qui ressort propre.

• CONSEILS •

Surtout ne mélangez pas trop la pâte, qui deviendra lourde et pâteuse. Si vous tamisez la farine, vous aurez moins de grumeaux, mais ce n'est pas grave s'il en reste un peu. Natures, ces brioches accompagnent vos plats salés, comme les dés de porc au caramel (voir p. 114). Farcies, vous pouvez jouer avec…

Quand la femme prend un rôle actif

“ Certaines conditions physiques dans lesquelles se trouve l'un des amants, notamment la fatigue de l'homme à la suite d'efforts prolongés sans crise finale (il est des hommes qui restent ainsi indéfiniment en érection), peuvent déterminer la femme à prendre alors le rôle actif. Souvent l'amour du changement et la curiosité suffisent pour l'y décider.

Il y a deux cas : celui où la femme, durant l'acte, pivote sur l'homme de manière à continuer l'union sans interrompre le plaisir ; et celui où elle prend la position de l'homme dès le début de l'action. Dans ce dernier cas, avec des fleurs dans ses cheveux flottants, et des sourires mêlés de gros soupirs, elle presse le sein de son amant avec ses seins, et, baissant la tête un grand nombre de fois, elle le caresse de toutes les manières dont il avait l'habitude de la caresser et de l'exciter, en lui disant : « Vous avez été mon vainqueur, je veux, à mon tour, vous faire demander grâce. »

Outre les neuf actes propres à l'homme elle fera encore les trois suivants.

Les pinces : elle tient le pénis dans son vagin, le fait pénétrer par une sorte d'aspiration répétée, le serre et le garde ainsi longtemps.
Le pivot : pendant l'acte, la femme tourne autour de l'homme comme une roue horizontale autour d'un axe vertical.
Le balancement : l'homme soulève le milieu de son corps et la femme imprime au milieu du sien et aux organes engagés ensemble un mouvement oscillatoire et tournant.

Quand la femme est fatiguée, elle pose sa tête sur celle de son amant et reste ainsi, les organes continuant à être unis ; quand elle est reposée, l'homme tourne autour d'elle et recommence l'action. ”

STRIP-DEVINETTES

Nous avons un jeu. Le jeu de strip-devinettes. Je commence par préparer une bonne quantité de petites brioches, avec des farces différentes. Et il faut deviner ce qu'il y a dedans. Même moi je ne sais pas, les brioches une fois cuites ne sont pas reconnaissables. Chaque fois que l'on se trompe on doit se déshabiller. Comme le strip-poker… en plus goûteux. Car il faut également manger la brioche à chaque fois. C'est pour cela qu'elles doivent être petites. Mais elles sont légères et peu sucrées, alors cela passe bien.

Du chocolat ? Oh zut alors ! J'ai perdu. J'enlève mon T-shirt. De la pomme ? Oui !!! J'ai gagné, à son tour d'enlever son jean. Confiture de fraises ? Et non… j'enlève la jupe, le soutien-gorge. Il ne reste plus que le slip en dentelle. Ou une chaussette.

Dans ce jeu, vous avez le droit de tricher. Vous pouvez enlever autant de vêtements que vous voulez quand vous perdez. Ou même commencer avec juste quelques bracelets…

RIZ AU LAIT DE COCO ET GALANGA

• EN CUISINE •

200 g de riz gluant thaïlandais
12,5 cl de lait de coco
20 g de galanga
30 g de sucre

1.- Faites cuire le riz dans un cuiseur électrique à riz. Couvrez pour qu'il ne sèche pas.

2.- Pelez et coupez le galanga en 4 ou 5 rondelles.

3.- Mettez-le avec le lait de coco dans une casserole et faites chauffer jusqu'à frémissement. À feu très doux et sans faire bouillir, laissez infuser pendant 15 minutes. Incorporez le sucre.

4.- Ajoutez le riz et retirez aussitôt la casserole du feu. Servez chaud ou tiède.

• CONSEILS •

Le riz gluant est un riz long qui a une texture qui colle aux dents, d'où son nom de riz gluant ou riz glutineux. Il peut être blanc ou noir. Pour un meilleur résultat, il faut le cuire à la vapeur (voir p. 214) mais si vous disposez d'un cuiseur électrique à riz, c'est beaucoup plus simple. Vous pouvez le remplacer par du riz japonais, un riz rond un peu collant qui n'a pas du tout la même texture. Le riz long et le riz basmati ne sont pas adaptés à cette recette.
Le galanga est utilisé en Asie comme révulsif dans les remèdes contre l'impuissance. On dit qu'il augmente l'afflux du sang allant aux organes érogènes…

LA CUISINE DU KĀMASŪTRA ✳ DOUCEURS ET FRISSONS ✳ ET AUTRES DÉLICES D'ASIE

Des positions

PARTIE III

"**Appuyée** : l'homme et la femme s'unissent debout, appuyés l'un contre l'autre ou bien contre un mur ou un pilier.

Suspendue : l'homme, adossé à un mur, soulève et soutient la femme assise sur ses mains jointes et entre ses bras, tandis que celle-ci, les bras entrelacés autour de son cou, l'embrasse avec ses cuisses vers le milieu du corps, et s'imprime à elle-même un mouvement, à l'aide de ses pieds qui touchent le mur auquel l'homme est appuyé.

La vache : la femme se tient sur ses mains et ses pieds comme un quadrupède, son amant la monte comme un taureau. Dans cette position, on peut faire sur le dos toutes mignardises qui se font ordinairement sur le devant du corps. L'homme peut aussi saisir avec sa main droite les seins et avec la main gauche titiller le clitoris, tandis qu'il met sa verge dans le vagin, ce qui double la volupté de la femme ainsi caressée et peut hâter son spasme de manière à le faire coïncider avec celui de l'homme.
Cette position est la plus naturelle mais la moins voluptueuse, car le clitoris n'est point touché, à moins qu'on n'y porte la main.

On peut, de même, imiter l'acte du chien, du bouc, du daim, la montée et la pénétration forcée de l'âne et du chat, le bond du tigre, le frottement du sanglier et la saillie de la jument par l'étalon, en opérant comme ces différents animaux avec leurs femelles. "

CHOCOLAT PÉTILLANT EN BOUCHE

• EN CUISINE •

1 tablette de chocolat
½ cuillère à soupe de sucre pétillant

1.- Faites fondre le chocolat au bain-marie. Retirez du feu et laissez tiédir un peu.

2.- Ajoutez le sucre pétillant et mélangez juste ce qu'il faut pour que le sucre soit uniformément réparti.

3.- Étalez le chocolat encore crémeux sur une feuille de papier sulfurisé, à l'épaisseur de votre choix, ou coulez-le dans des petits moules. Laissez refroidir puis faites-le durcir au réfrigérateur.

• CONSEILS •

Le sucre pétillant est vendu dans les magasins spécialisés. Il est malheureusement assez difficile à trouver. En bouche, il pétille, comme ces confiseries que nous achetions quand nous étions enfants. C'est exactement la même chose. Vous pouvez en mettre moins ou plus, selon vos désirs.
Joliment présenté dans une belle boîte, sur la table de chevet, ce chocolat sera un accessoire de charme dans votre chambre à coucher... Laissez fondre un morceau de ce chocolat dans votre bouche pendant l'acte. Il pétille...

LA CUISINE DU KÂMA SÛTRA ✳ DOUCEURS ET FRISSONS ✳ ET AUTRES DÉLICES D'ASIE

Autres formes d'union

« **Unie** : un homme pénètre deux femmes en même temps. Cette union peut se faire lorsque deux femmes se tiennent horizontalement sur le bord d'un lit, l'une sur l'autre, face à face, comme deux amants, et les jambes en dehors du lit ; le pénis passe alternativement d'un vagin dans l'autre, par des coups successifs, les uns à recto, les autres à rétro.

Le troupeau de vaches : l'union simultanée avec plusieurs femmes. Plusieurs hommes jeunes jouissent d'une femme qui peut être l'épouse de l'un d'eux, l'un après l'autre ou tous en même temps. La femme est étendue sur l'un d'eux ; un autre consomme l'hyménée du vagin et du pénis ; un troisième se sert de sa bouche, un quatrième embrasse étroitement le milieu de son corps et ils continuent de cette manière, en jouissant alternativement des différentes parties de la femme.

La même chose peut se faire quand plusieurs hommes sont en compagnie avec une courtisane, ou quand il n'y a qu'une courtisane pour satisfaire un grand nombre d'hommes.

Dans le Sud de l'Inde, on pratique aussi l'union basse, c'est-à-dire l'introduction du pénis dans l'anus.

Ici finit l'énumération des types d'unions. L'homme ingénieux multiplie les modes d'union en imitant les quadrupèdes et les oiseaux ; car ces différents modes pratiqués suivant l'usage de chaque pays et les goûts de chaque personne inspirent aux femmes l'amour, l'amitié et le respect. »

CERISE EN GELÉE D'AGAR-AGAR

• EN CUISINE •

2 g d'agar-agar en poudre
4 belles cerises
18 cl d'eau
30 à 40 g de sucre
1 cuillère à café de jus de citron
1 cuillère à soupe de jus de raisin

1.- Dans une casserole, sur feu doux, faites chauffer l'eau, l'agar-agar et le sucre en remuant avec une cuillère en bois (pas de fouet qui rajouterait des bulles) pendant 1 minute. Retirez du feu. Laissez refroidir jusqu'à ce que vous puissiez tremper votre doigt dans le liquide sans vous brûler puis ajoutez le jus de citron et le jus de raisin.

2.- Dans un petit moule à cupcake ou une verrine, versez le liquide encore chaud. Puis plongez-y la cerise. Répétez l'opération avec la deuxième verrine. Laissez refroidir à température ambiante, puis au réfrigérateur jusqu'à ce que la gelée soit bien prise (environ 30 minutes).

3.- Démoulez délicatement en insérant la lame d'un couteau très fin. Servez très frais.

• CONSEILS •

Utilisé en Asie depuis longtemps, l'agar-agar est un gélifiant naturel extrait d'algues rouges. Il est aujourd'hui apprécié en Occident pour ses vertus nutritionnelles, son apport calorique nul et son fort pouvoir gélifiant. Sa texture est différente de celle de la gélatine : si vous avez déjà goûté à la gelée d'amandes des restaurants chinois, vous reconnaîtrez sa consistance particulière. Cette recette est essentiellement une recette de charme. Très facile à réaliser, vous pouvez l'agrémenter avec des morceaux de fruits coupés (ananas, pomme, poire, pêche…) et des herbes comme la menthe. Une gelée fraîche qui glisse sur la peau, donne des frissons… Une cerise dont on saisit la queue avec les dents pour l'offrir à l'autre…

LA CUISINE DU KÂMA SÛTRA ✳ DOUCEURS ET FRISSONS ✳ ET AUTRES DÉLICES D'ASIE

" Les rondes et les chants
des fidèles d'amour (*Râsaka*)
du pays de Lâta, dont la passion
fait tourner les yeux embués
de larmes, ont été comparés
au halo de la lune. "

CRÈME PERLÉE

• EN CUISINE •

100 g de perles de tapioca
25 cl de lait de coco
40 cl d'eau
1 pincée de sel
Du sirop d'érable

1.- Couvrez les perles de tapioca d'eau et laissez-les tremper pendant 20 minutes. Égouttez-les.

2.- Faites chauffer à feu moyen le tapioca, l'eau, une pincée de sel et portez à ébullition sur feu vif. Baissez à feu doux et laissez cuire pendant 10 minutes en remuant de temps en temps pour éviter que les perles de tapioca ne collent aux parois de la casserole. Au besoin, ajoutez un peu d'eau si le tapioca gicle. Le tapioca est cuit lorsque les perles sont translucides. Retirez du feu et égouttez.

3.- Faites chauffer le lait de coco sans le faire bouillir. Servez les perles de tapioca dans des bols individuels et versez le lait de coco dessus. Accompagnez de sirop d'érable que chacun ajoutera à sa guise.

• CONSEILS •

Les perles de tapioca font environ 1 mm de diamètre, peuvent être blanches ou multicolores. Elles existent également en « grand format », de la taille d'un petit pois : laissez celles-ci tremper pendant 30 minutes et cuire pendant 20 à 30 minutes.
Vous pouvez également faire chauffer le lait de coco, ajouter 1 à 2 cuillères à soupe de sucre et le verser ainsi sur le tapioca, sans le sirop d'érable. Accompagnez ce dessert de tranches de mangue mûre, de banane ou de n'importe quel fruit tropical.
Perles molles, un peu élastiques, qui roulent sur la langue : leurs usages sont multiples. Vous pouvez les mêler à des baisers profonds, les laisser couler sur certaines parties du corps, les rouler sous vos doigts et leurs caresses…

LA CUISINE DU KÂMA SÛTRA ET AUTRES DÉLICES D'ASIE
DOUCEURS ET FRISSONS

I
LOVE…

• EN CUISINE •

Pour 15 à 30 biscuits
selon la taille des emporte-pièce
160 g de farine
100 g de sucre
110 g de beurre à température ambiante
1 gros œuf
2 g de bicarbonate
½ cuillère à café de vanille liquide

1.- Préchauffez le four à 180 ° C. Farinez votre plan de travail.

2.- Mélangez tous les ingrédients ensemble, sans utiliser toute la farine : juste de quoi faire une pâte que vous pouvez manipuler avec les doigts. Puis ajoutez le reste de la farine pour obtenir une pâte qui ne colle pas.

3.- Sur le plan de travail fariné, étalez la pâte au rouleau sur une épaisseur de 3 mm environ. Découpez-la à l'emporte-pièce. Disposez les biscuits sur la plaque du four recouverte de papier sulfurisé. Enfournez pendant 8 à 10 minutes de cuisson ou jusqu'à ce que les bords commencent à dorer. Laissez refroidir sur une grille surélevée.

• CONSEILS •

Certains emporte-pièce ne sont pas faciles à trouver… Reste la solution de les découper au couteau.
Ce ne sont pas des biscuits à faire pour le goûter des enfants, mais plutôt pour remplir le petit creux que l'on a à l'aube, après avoir pleinement goûté de la nuit… À laisser dans une jolie boîte sur sa table de chevet.

LA CUISINE DU KÂMA SÛTRA
DOUCEURS ET FRISSONS
ET AUTRES DÉLICES D'ASIE

“ Le lièvre a une verge qui ne fait pas plus de six doigts. Il est modéré dans ses désirs charnels. Il a peu d'appétits. Le taureau a une verge qui fait neuf doigts. Son sperme est toujours prêt. L'étalon a une verge qui fait douze doigts. Son sperme est copieux, salé et ressemble à celui du bouc. ”

Extrait de l'Ananga Ranga, traduit par Sir Richard Francis Burton dont voici le commentaire : « Ces mesures correspondent environ à trois, quatre pouces et demi, et six pouces. La dernière mesure de douze doigts correspondrait à celle de l'Africain. »

UNE FEMME QUI AIME…

Elle était jolie, fine comme une tige de rose. Sous une apparence fraîche et pure se cachait une femme sensuelle qui savait exactement ce qu'elle aimait. C'était très simple, aussi limpide que le regard clair et franc qu'elle posait sur les hommes. Elle aimait les Africains. Attention, pas tous les Noirs. Ni les Afro-Américains, ni les Antillais. « Trop dilués » me disait-elle dans notre intimité entre filles qui se racontent tout. Elle aimait les Gabonais, les Kenyans, les Camerounais, les Ivoiriens, les Nigériens… Leur peau noire comme un chocolat très pur, leur odeur épicée, leurs cheveux crépus dans lesquels elle aimait passer ses doigts et surtout leur sexe qu'elle aimait… Un soir, dans un bar, elle tomba sur un très bel homme, noir comme la nuit, grand, avec un sourire contagieux et des dents très blanches. Elle lui sourit et il la suivit. Rares étaient les hommes qui lui résistaient.

Ils s'embrassèrent, d'abord doucement puis avec plus d'ardeur. Elle sentait son haleine chaude, son corps dur. Elle n'était pas timide. Lui non plus. Il la déshabilla en un clin d'œil. Sa main à elle avait déjà dégrafé son jean à lui. Elle glissa sa main plus bas… et c'est là qu'elle s'arrêta. Car il y avait là quelque chose… quelque chose qu'elle ne comprit pas. Quelque chose qui heurtait sa main, à peine au niveau du nombril de l'homme. Quelque chose de très dur, comme un tronc d'ébène, menaçant dans sa virilité absurde. L'engin était énorme. Plus gros que son avant-bras, et tout aussi long.

Elle avala un bon coup et se baissa pour l'embrasser de sa bouche. L'odeur la fit chavirer, elle en avait tellement envie… mais elle en avait tellement peur, aussi. Elle fit un effort sur elle-même et l'introduisit dans sa bouche, mais elle avait beau étirer sa bouche pourtant adaptable à toutes circonstances, elle en étouffait presque. Impossible de le rentrer plus en avant, il en restait au moins les deux tiers au froid…

Après avoir surmonté son effroi face à la taille du pénis géant, arborant un sourire forcé devant l'homme qui avait visiblement confondu son émoi pour de l'admiration « les femmes sont toujours très impressionnées, je dois dire que je n'ai jamais eu de plaintes sur ce sujet », dit-il avec fausse modestie. Elle s'efforça au début de masquer les petits cris de douleur en petits cris de plaisir, l'homme sous le coup de l'excitation s'enfonçant de plus en plus dans un vagin qui était littéralement trois fois trop petit, ses cris de douleur devinrent de véritables cris de douleur. Mais – était-ce par politesse ou par fierté ? – elle n'a jamais osé le dire, n'a jamais avoué à personne, que « trop c'est trop » et a souffert en silence.

SPICY
COOKIES

• EN CUISINE •

Pour 20 à 30 biscuits
190 g de farine
110 g de beurre salé
1 petit œuf
65 g de cassonade (+ pour la décoration)
1 sachet de sucre vanillé
1 pincée de chaque : levure chimique,
de cannelle et de gingembre moulus

1.- Préchauffez le four à 170° C avec une grille au milieu. Mélangez la farine avec la levure, les sucres et les épices. Ajoutez le beurre bien froid et coupé en petits dés. Incorporez le beurre à la farine en les frottant entre vos doigts – il doit rester des petits morceaux de beurre. Ajoutez l'œuf et mélangez jusqu'à ce qu'il soit incorporé.

2.- Versez le mélange sur un plan de travail. Écrasez-le par petits bouts en le poussant vers l'avant avec la partie dure de la paume de la main jusqu'à ce que vous obteniez une pâte.

3.- Formez une boule et étalez-la au rouleau sur une épaisseur d'environ 0,5 mm environ. Farinez légèrement mais régulièrement la pâte, le rouleau et le plan de travail afin d'éviter que la pâte ne colle. Découpez la pâte à l'aide d'emporte-pièce et disposez les cookies sur une plaque à pâtisserie recouverte de papier sulfurisé. Enfournez pour 10 à 15 minutes selon la taille des cookies. Sortez-les du four quand leur couleur est uniformément dorée. Retirez-les de la plaque et laissez-les refroidir sur une grille surélevée.

• CONSEILS •

Vous pouvez expérimenter avec différentes épices, et même d'autres ingrédients comme du thé en poudre, des herbes aromatiques séchées, du wasabi en poudre. Laissez-vous aller au gré de vos envies et amusez-vous bien. Et n'oubliez pas, la surprise est un excellent stimulateur de libido…

LA CUISINE DU KÂMA SÛTRA
DOUCEURS ET FRISSONS
ET AUTRES DÉLICES D'ASIE

" Si vous faites un gâteau avec
une racine tête-de-coq,
des haricots œil-de-cheval,
du sucre, du miel et du blé,
et que vous le mangez
jusqu'à satiété, vous pouvez
faire l'amour avec
d'innombrables femmes. "

VERRINES
FILLE GARÇON

• EN CUISINE •

Pour la fille
1 cuillère à soupe d'eau
1 cuillère à soupe de sirop de grenadine
1 cuillère à soupe de jus de citron
1 feuille de gélatine
5 cl de crème fleurette
5 g de sucre

Pour le garçon
1 cuillère à soupe d'eau
2 cuillères à café de Curaçao bleu
1 cuillère à café de jus de citron
1 feuille de gélatine
5 cl de crème fleurette
5 g de sucre

1.- Faites ramollir les feuilles de gélatine en les trempant 10 minutes à l'eau froide. Égouttez-les et pressez-les pour extraire l'eau en excédent. Dans une casserole, à feu doux, faites chauffer 1 cuillère à soupe d'eau et le sirop de grenadine sans laisser bouillir. Dès que le liquide est chaud, retirez du feu et ajoutez ½ feuille de gélatine. Mélangez bien. Dès que le liquide a refroidi, ajoutez le jus de citron. Réservez. Répétez l'opération avec les ingrédients pour le garçon.

2.- Versez une couche de liquide bleu dans une verrine, une couche de liquide rouge dans une autre. Placez les verrines au congélateur le temps que les gelées prennent.

3.- Dans une casserole, à feu doux, fouettez la crème et le sucre. Dès que la crème est chaude, retirez du feu et ajoutez 1 feuille de gélatine. Mélangez bien. Laissez refroidir. Versez une couche dans chaque verrine que vous remettrez aussitôt au congélateur. Dès que la gelée de crème aura pris, versez une deuxième couche de gelée rouge et bleue dans les verrines respectives, laissez prendre une nuit au réfrigérateur.

• CONSEILS •

Je trouve que les verrines, c'est beaucoup de travail pour un résultat franchement médiocre en goût… Celles-ci sont meilleures avec de la crème anglaise gélifiée plutôt qu'avec seulement de la crème sucrée, bien qu'elles soient moins éclatantes quand la crème est jaunie par l'œuf. Mais elles sont charmantes et donnent des frissons agréables lorsqu'elles sont posées à même le corps…

ET AUTRES DÉLICES D'ASIE ✳ DOUCEURS ET FRISSONS ✳ LA CUISINE DU KÂMA SÛTRA

" [Le coït buccal] est pratiqué également par des hommes sur des femmes. Cette façon d'embrasser la vulve comme on embrasse la bouche n'est pas recommandée. "

SCANDALEUSEMENT MAL INFORMÉS

On peut comprendre que le Kâma Sûtra, écrit très probablement au IVe siècle de notre ère, puisse être un peu « conservateur ». Après tout, ce n'est qu'au XXe siècle que les femmes ont enfin pu abandonner le corset au bénéfice du soutien-gorge, instigateur de la libération sexuelle de la femme.

Mais il faut admettre que si la plupart des femmes pratiquent assez bien la fellation, les hommes sont particulièrement mal informés quant à la pratique du cunnilingus. À leur décharge, l'organe masculin est « en dehors ». Alors que l'organe féminin est…tout petit ? Tout caché ? Tout dedans ? Il est certes plus compliqué et délicat.

Voici quelques indications de base que tout homme devrait savoir. D'abord, l'organe sexuel féminin qui correspondrait au pénis s'appelle le clitoris. Il lui est semblable car il durcit et gonfle sous l'excitation. Mais il n'a qu'une fonction : celle du plaisir, alors que celui de l'homme est un trois-en-un. C'est peut-être pour cela qu'il est plus petit… mais malheureusement cela le rend plus difficile à manipuler.

Il ne faut pas l'approcher brusquement. L'agresser alors qu'il est tout sec avec la langue ne marche pas. Si l'homme est facilement excité par une femme qui ne fait qu'approcher sa bouche du pénis, ce n'est pas souvent le cas de la femme. À moins d'être totalement en confiance avec un homme qu'elle connaît très bien, la femme ressent souvent une petite appréhension : va-t-il savoir faire ?

Même lorsque la femme est excitée par des baisers et caresses sur d'autres parties du corps, il faut toujours commencer l'abordage de loin. Par exemple par des baisers sur le haut des cuisses, sur le bas du ventre. Puis, votre bouche devrait se rapprocher progressivement, en tournant autour du pot. Que ce soit avec la langue ou les lèvres. Lorsque vous serez enfin parvenu jusqu'au clitoris, ne vous jetez pas goulûment dessus. Commencez patiemment par déposer des baisers appuyés. Vous pouvez utiliser votre langue, mais allez-y gentiment, en décrivant des cercles de plus en plus petits pour finalement atterrir – enfin ! sur le clitoris.

Et n'oubliez pas de vous raser !

CHOCOLAT FONDANT
RAITA AU MIEL ET À LA CARDAMOME

• EN CUISINE •

Chocolat fondant
55 g de chocolat noir
4,5 cl de lait
5 cl de crème liquide
Des épices

Coupez le chocolat en morceaux. Dans une casserole à feu moyen, portez à ébullition le lait et la crème. Retirez du feu et ajoutez le chocolat. Mélangez bien jusqu'à ce que le chocolat ait complètement fondu. Remettez sur le feu, ajoutez l'épice de votre choix et retirez du feu dès la première ébullition.

Raita au miel et à la cardamome
1 pot de yaourt
1 cuillère à café ou à soupe de miel
1 à 3 gousses de cardamome

Ouvrez les gousses de cardamome pour en retirer les graines. Incorporez-les au yaourt. Laissez ainsi une nuit au réfrigérateur. Retirez les graines. Mélangez le yaourt et le miel. Servez frais.

• CONSEILS •

Le miel permet un regain d'énergie presque instantané. À essayer si vous avez trop joué avec le chocolat fondant .
Parfumez ce dernier avec tout ce qui vous passe par la tête et par l'envie : noix de muscade, gingembre, clou de girofle, ginseng, réglisse, cannelle, badiane, poivre… Toutes les épices sont plus ou moins excitantes. Toutes les épices sont plus ou moins bonnes avec le chocolat. Expérimentez… en bouche et partout ailleurs !

LA CUISINE DU KÂMA SÛTRA
DOUCEURS ET FRISSONS
ET AUTRES DÉLICES D'ASIE

CARAMEL
À LA BADIANE

• EN CUISINE •

100 g de sucre
15 g de beurre salé
100 g de crème liquide
3 cl d'eau
3 badianes

1.- Dans une casserole à feu moyen, faites chauffer la crème avec la badiane. Retirez du feu et couvrez.

2.- Dans une autre casserole, fouettez à feu doux l'eau et le sucre.

3.- Portez à ébullition et arrêtez de remuer pour laisser le caramel prendre une teinte claire acajou. Ajoutez la crème et mélangez au fouet tout en laissant sur un feu moyen pendant 2 minutes. Ôtez la casserole du feu et incorporez le beurre salé. Mélangez bien et laissez refroidir. Le caramel va épaissir.

4.- Retirez la badiane avant la dégustation.

• CONSEILS •

Ce caramel parfumé à la badiane se marie avec cookies (voir pp. 164 et 168), glaces et sorbet (voir pp. 182 à 186), ou pâtisseries diverses. Il peut également être tartiné sur du pain, des toasts, des doigts… et n'importe quelle autre partie du corps.
Attention toutefois de vérifier la température du caramel avant application pour ne pas vous brûler, même si un peu de chaleur intense peut avoir un effet… intéressant.

LA CUISINE DU KÂMA SÛTRA
DOUCEURS ET FRISSONS
ET AUTRES DÉLICES D'ASIE

Le travail de l'homme

" L'homme doit faire tout ce qu'il peut pour procurer le plaisir à la femme. Les signes de la jouissance et de la satisfaction chez la femme sont les suivants : son corps se détend, ses yeux se ferment, elle perd toute timidité, fait effort pour que les deux organes soient unis aussi étroitement que possible.

Il y a neuf actes que l'homme doit accomplir :
La pénétration ou mouvement en avant : les deux organes se portent tout droit l'un vers l'autre, exactement en face.
La friction ou baratement : la verge tenue dans la main est tournée en rond dans le vagin, autour des bords (comme dans le baratement du beurre).
Le percement : le vagin est abaissé et la verge frappe sa partie supérieure.
Le frottement : dans la même situation, la verge frappe contre la partie inférieure du vagin.
La pression : la verge presse le vagin pendant un temps long.
Le coup : la verge, tirée hors du vagin, y revient ensuite et le frappe fort et à fond ; la sortie rend de la vigueur à l'homme et retarde son spasme ; le retour tend à accélérer celui de la femme.
Le coup du sanglier : la verge revient frapper seulement une partie du vagin.
Le coup du taureau : la verge dans sa rentrée frappe à la fois les deux côtés du vagin.
Le sport du moineau : la verge a un mouvement très rapide de va-et-vient dans le vagin sans en sortir.

Cela se fait généralement vers la fin de l'union, lorsque l'homme sent qu'il ne peut plus retarder son spasme. "

TROIS PARFUMS GLACÉS

• EN CUISINE •

Pour ½ litre de chaque glace
15 cl de crème liquide
4 jaunes d'œufs
100 g de sucre
25 cl de lait

Glace verveine : 10 g de verveine fraîche
Glace au thé vert matcha : 1 cuillère à café de thé vert matcha
Glace au tchaï indien : 1 cuillère à soupe de thé anglais
en feuilles, type English Breakfast ou Darjeeling
1 bâton de cannelle, 3 gousses de cardamome,
1 cuillère à café de gingembre moulu,
1 pincée de noix de muscade râpée

1.- Glace verveine : mettez la verveine dans le lait et faites chauffer celui-ci pendant 10 minutes sans faire bouillir.
Glace au thé vert matcha : mettez le thé dans le lait froid et mélangez bien au fouet.
Glace au tchaï indien : mettez tous les ingrédients dans le lait et faites-le chauffer pendant 15 à 20 minutes sans faire bouillir. Filtrez.

2.- Utilisez chaque lait pour faire 3 crèmes anglaises suivant la recette page 216. Versez la crème anglaise d'un parfum dans une turbine à glace ou une sorbetière. Suivez les indications de votre appareil pour obtenir une glace. Répétez l'opération pour les trois parfums.

• CONSEILS •

Trois glaces, trois parfums stimulants : la verveine, plante dédiée à Vénus ; le thé vert matcha pour sa teneur très élevée en théine ; et le tchaï indien, avec toutes ses épices dont on connaît les pouvoirs aphrodisiaques… qui entrent tout à fait dans un jeu sexuel tel que celui décrit page 189.

LA CUISINE DU KÂMA SÛTRA
ET AUTRES DÉLICES D'ASIE
DOUCEURS ET FRISSONS

« Les modes variés de plaisir ne sont pas pour tous temps ni pour toutes personnes. Ils ne devraient être employés que dans le temps, le pays et le lieu qui leur sont convenables. »

DES HOMMES

Il y a plein d'hommes sur terre. La variété est infinie, et c'est ce qui fait leur charme.

L'Ananga Ranga nous apprenait, déjà au XVIe, que l'Africain a le pénis le plus long (voir page 166). L'Asiatique a le pénis le plus petit et l'Européen se place quelque part entre les deux. L'Américain quant à lui est tellement mélangé que l'on peut trouver des Afro-Américains à tout petit pénis et des Asiatico-Américains énormes.

Mais la taille ne faisant pas l'amant, il est important de choisir la nationalité suivant ses goûts et préférences. Si vous préférez un amant égalitaire, qui considère que la seule différence entre vous et lui c'est l'organe sexuel et que chacun devra payer sa part du dîner, choisissez le Français ou l'Allemand. Si vous aimez les buveurs de bière, attentionnés dans un genre un peu « bovin », quoique très performant quand il le faut, choisissez l'Anglais. Si vous fantasmez sur un amant à la peau lisse et douce comme la vôtre, coincé en public mais prêt à tous les vices en privé, choisissez le Japonais. Quant au Chinois, les dernières statistiques sur la durée moyenne de l'acte sexuel indiquaient le record mondial de 6 minutes. Il faut avouer que ces statistiques datent d'avant Tiananmen. Il y a eu beaucoup de changements en Chine depuis.

L'Américain, malgré ce que l'on voit dans les films, est puritain dans la vraie vie. Il hésitera à prononcer des gros mots devant une femme, sauf s'il est né à Brooklyn ou dans le New Jersey. Mais comme c'est un grand gamin très sérieux, il veut bien faire et sera toujours prêt à s'améliorer. L'Australien est un oiseau curieux. À l'image de son pays, mi-figue mi-raisin, il est moins sophistiqué que l'Américain mais plus gai que l'Anglais. Quant au Russe, il a le côté pastoral de l'Anglais avec du communisme (égalité des sexes), un mélange pas forcément heureux. Et l'Italien, malgré ses airs de Casanova, est loin d'être l'amant idéal. Après tout, qui a inventé le terme « macho » ?

Si vous ne savez pas lequel choisir, suivez votre instinct. Quelles que soient ses origines, l'amant papillon sera nul au lit. Car il n'a jamais pris le temps de connaître une femme à fond. Alors que celui qui passe toute sa vie avec une femme, l'aura exploré de haut en bas, de bas en haut, de travers et de partout. Un homme qui sait vraiment comment fonctionne une femme, c'est un homme qui en a connu très peu. Le meilleur amant est celui qui vous aime, et qui vous aimera longtemps.

C'est tout simplement une question de statistique.

FRISSON FRAMBOISE

• EN CUISINE •

Pour ½ litre de sorbet
300 g de framboises
20 cl d'eau
125 g de sucre
Le jus de ½ citron

1.- Faites bouillir l'eau et le sucre dans une casserole. Laissez refroidir à température ambiante.

2.- Dans un mixer, réduisez les framboises en purée. Mélangez-les avec le jus de citron et le sirop refroidi. Passez ce mélange dans une passoire fine pour éliminer les pépins (cette étape est importante si vous ne voulez pas vous faire mal par la suite).

3.- Versez la préparation dans la sorbetière que vous aurez préparée auparavant (suivant la sorbetière, le temps de refroidissement au congélateur est différent, référez-vous au mode d'emploi de l'appareil). Conservez le sorbet à -18° C jusqu'au moment de servir.

• CONSEILS •

Malheureusement, ce sorbet est tout bêtement aux framboises. Celles-ci, si elles sont bonnes à manger, rouges comme la passion, ne sont pas exactement classées ni dans les aphrodisiaques ni dans les stimulants sexuels, si ce n'est que, comme tout fruit, elles sont bénéfiques pour la santé et le fonctionnement des organes vitaux ainsi que d'autres encore plus vitaux. Mais il a d'autres atouts. Il est mignon, sucré, doux et donne plein de frissons ! À vous de découvrir d'autres recettes comme celle qui suit…

" Lorsque sa verge
est en érection, elle le caresse
dans divers endroits.
Si, au début, la pénétration
(*Sangatâ*) est bloquée*,
elle lui caresse l'intérieur
des cuisses."

* Pour une pénétration basse avec un instrument.

COMMENT FAIRE JOUIR UN HOMME AVEC UN SORBET

Mettez 2 à 3 cuillères à soupe de sorbet dans un récipient stable (un bol à fond large ou un ramequin) et laissez le sorbet reposer à température ambiante.

Pendant ce temps lavez le pénis et séchez-le bien (étape facultative). Selon vos préférences, une douche très chaude peut être stimulante pour le contraste des températures.

Demandez à votre compagnon de s'allonger sur le dos. Il est conseillé de bien chauffer la pièce auparavant.

Commencez par poser un baiser sur le pénis, de préférence sur la pointe. Ensuite, faites-lui ce qui vous vient à l'esprit : vous pouvez déposer de petits baisers tendres sur les testicules, passer votre langue sur toute la longueur du pénis si celui-ci est déjà un peu rigide. Vous pouvez également commencer une fellation en bonne et due forme.

Lorsque le pénis est bien rigide, déposez délicatement une cuillerée de sorbet sur le frein (voir lexique). Ne vous étonnez pas si le pénis se rétracte et perd un peu (ou beaucoup) de sa virilité. C'est une réaction biologique au froid.

Aussitôt, engouffrez la pointe du pénis dans votre bouche, pour réchauffer ce dernier et le retonifier, tout en avalant le sorbet qui aura presque entièrement fondu.

Répétez l'opération autant de fois que vous le désirez ou que votre compagnon pourra le supporter. Cette recette s'adapte très bien aux fraises. Surtout, éliminez bien les pépins. Elle se réalise tout aussi bien avec une glace ou un sorbet acheté dans le commerce. Préférez dans ce cas des glaces aux textures lisses et crémeuses pour une bonne adhérence à la peau. Les glaces plus « dures » ont tendance à glisser sur la peau et tomber à côté !

STIMULATION ET REPOS

INFUSION À LA ROSE
EAU D'AMOUR

• EN CUISINE •

Infusion à la rose
5 roses rouges ou roses comestibles
20 cl d'eau
Sucre, jus de citron

Faites bouillir l'eau. Détachez les pétales des roses et déchirez-les grossièrement. Jetez-les dans l'eau que vous retirez aussitôt du feu. Couvrez et laissez infuser pendant au moins 1 heure. Sucrez ou parfumez avec un peu de jus de citron si vous le désirez.

Eau d'amour
1 gousse de cardamome
1 cuillère à café de gingembre frais râpé
1 à 3 cuillères à café de jus de citron vert
1 à 3 grains de poivre
20 cl d'eau, 30 g de sucre

Ouvrez la gousse de cardamome pour en extraire les graines. Pilez au mortier ou dans un mixer à épices, le poivre, la cardamome et le gingembre. Faites bouillir l'eau, ajoutez le sucre et les épices. Retirez du feu et laissez infuser à couvert pendant au moins 1 heure. Ajoutez le jus de citron vert au moment de la dégustation.

• CONSEILS •

Deux boissons romantiques… dont l'interprétation reste très libre. À vous de doser ces parfums, d'expérimenter leurs effets. L'une, rose pâle, nous rappelle ce temps lointain, lorsque nous aimions nous promener la main dans la main pendant des heures entières, lorsque nous passions des nuits à chuchoter sans jamais dormir où tout était merveilleux. Ne dit-on pas « à l'eau de rose » avec une certaine moquerie mais aussi de la nostalgie pour un temps passé, le temps des premiers amours ? L'autre, plus ardente, pour des occasions sensuelles, moins naïves mais plus voluptueuses…

LA CUISINE DU KÂMA SÛTRA * STIMULATION ET REPOS * ET AUTRES DÉLICES D'ASIE

" Ce n'est que quand
la vierge est persuadée que
son amant lui est dévoué,
et ne changera jamais,
qu'elle devra se donner à lui. "

PREMIER AMOUR

C'était son premier amour. Elle s'en souvient encore comme si c'était aujourd'hui. Elle était vierge. Lui, aussi. Ils étaient encore jeunes et croyaient que l'amour durait toujours.

La première fois, c'était chez ses parents, à lui, absents pour le week-end. Elle s'était préparée toute la semaine pour ce jour, sept jours d'attente, sept nuits sans sommeil. Ce matin-là, elle s'était réveillée très tôt pour se préparer. Se parfumer. Se maquiller. Choisir ses vêtements.

Puis elle avait sonné à la porte. Il lui ouvrit… et la prit immédiatement dans ses bras pour l'entraîner dans la chambre des parents. Elle fut intimidée par cette grande chambre d'adulte, les photos des enfants sur la table de chevet, un téléphone qui pourrait sonner à tout instant, un livre ouvert. Elle ne s'attendait pas à cela mais à un monde de pétales de fleurs, des nuages vaporeux. Qu'à cela ne tienne, elle s'était décidée à se donner ce jour-là.

Il l'embrasse, maladroitement, lui fait un peu mal dans sa fougue. Il la déshabille mais ne sait pas bien décrocher le soutien-gorge. Elle l'aide à dégrafer son pantalon. Ils ne se parlent pas, la gorge serrée, les bouches trop occupées à se chercher.

Elle se glisse sous les draps. Leur fraîcheur la fait frémir. Le corps de son tout jeune amant se glisse contre le sien. Lui aussi est frais, lisse, imberbe. Ils s'enlacent. Elle sent contre sa cuisse sa virilité, effrayante. Elle regarde du coin de l'œil… Subitement, elle a peur.

Va-t-elle avoir mal ? Va-t-elle savoir que faire ?

Il lui écarte doucement les cuisses et met la pointe de son sexe contre le sien. Il essaie de rentrer, mais il y a un obstacle. Beaucoup plus ferme que ce à quoi il s'attendait. Il pousse plus fort. Le mâle est né pour briser cet obstacle, coûte que coûte. Oh ! crie-t-elle, un petit cri de douleur, où se mêlent les premiers soupirs de plaisir…

❊

INFUSION DE GINSENG

❊

• EN CUISINE •

2 sachets de ginseng moulu
pour 2 tasses d'eau bouillante
ou une racine de ginseng frais
20 cl d'eau

1.- Émincez grossièrement le ginseng frais et faites-le infuser dans l'eau frémissante pendant 20 minutes. Pour le ginseng en poudre, versez-le dans une tasse et ajoutez l'eau bouillante.

2.- Ajoutez du jus de citron, du sucre ou du miel, du piment ou du poivre, selon vos préférences.

• CONSEILS •

Dans les épiceries coréennes, vous trouverez du ginseng moulu, à préparer et boire comme du thé. Il s'agit en fait de ginseng lyophilisé. C'est une affaire de goût, personnellement c'est un goût que je n'aime pas. Je préfère l'agrémenter de citron, de sucre ou de miel. Parfois même je le préfère non sucré, mais avec un peu de piment. Vous savez déjà que le ginseng est le produit miracle coréen, qui se vend à prix d'or dans toute l'Asie : revitalisant lorsque nous manquons d'énergie, stimulant sexuel notamment pour les messieurs, il entre dans la composition de presque toutes ces boissons énergisantes vendues partout en Asie dans des petites bouteilles correspondant à une dose. C'est d'ailleurs ce que boivent les *tanuki* dans *Pompoko* (dessin animé de Miyazaki) pour sauvegarder leur apparence humaine qui leur prend beaucoup d'énergie.
Une bonne tasse bien chaude sous la couette à partager avec son amant pendant les longues nuits d'hiver, qu'il faut bien réchauffer par une boisson ou par la friction des corps, idéalement les deux…

LA CUISINE DU KÂMA SÛTRA
STIMULATION ET REPOS
ET AUTRES DÉLICES D'ASIE

THÉ
LUNE DE MIEL

• EN CUISINE •

20 cl d'eau
2 cuillères à café de thé en feuilles type
Darjeeling ou English Breakfast
1 clou de girofle
1 pincée de poivre noir moulu
1 bâton de cannelle
2 cuillères à soupe de gingembre frais râpé
Du miel

1.- Faites bouillir l'eau et jetez-y les épices. Retirez du feu et laissez infuser pendant au moins 1 heure.

2.- Faites réchauffer l'eau et versez-la dans une théière dans laquelle vous aurez mis les feuilles de thé. Laissez infuser pendant environ 1 à 3 minutes selon votre préférence.

3.- Ajoutez du miel au moment de la dégustation.

• CONSEILS •

En principe, les nouveaux mariés n'ont pas besoin d'être stimulés, mais sait-on jamais ? Le trac, l'anxiété, le doute, le trop-plein de bonheur... autant de facteurs à risques pour une folle nuit d'amour. Alors il est conseillé de se prémunir en cas de panne, de boissons stimulantes, de littérature érotique et de sex-toys un peu sages quand même car ce n'est que la première nuit de toute une vie...

LA CUISINE DU KÂMA SÛTRA
* STIMULATION ET REPOS *
ET AUTRES DÉLICES D'ASIE

STIMULANT DE VIRILITÉ DU KÂMA SÛTRA

• EN CUISINE •

Pour deux grands bols
1 verre à moutarde de haricots rouges Azuki
3 verres à moutarde d'eau + 4 verres à moutarde d'eau
30 cl de lait entier
1 à 2 cuillères à soupe de sucre
1 à 3 cuillères à café de poivre moulu
1 pincée de sel (facultatif)

1.- Dans une casserole de préférence à fond épais, faites tremper les haricots dans 3 verres à moutarde d'eau pendant toute une nuit. Le lendemain, portez les haricots à ébullition à feu vif et égouttez aussitôt.

2.- Rincez la casserole, ajoutez les haricots ainsi que 4 verres à moutarde d'eau et portez à nouveau à ébullition. Laissez ensuite cuire à feu très doux pendant 1 à 2 heures, jusqu'à ce que les haricots soient tendres à cœur. Au cours de la cuisson, si le niveau de l'eau baisse, ajoutez-en : il faut que les haricots soient toujours recouverts d'eau. Ajoutez le sucre, le sel et le poivre. Mélangez et laissez cuire encore 5 minutes.

3.- Pendant ce temps, faites chauffer le lait. Il suffit qu'il soit chaud, ce n'est pas nécessaire de le faire bouillir. Égouttez les haricots et versez-les dans le lait chaud.

• CONSEILS •

Vous pouvez remplacer le lait par du lait de coco. Vous pouvez également ajouter des épices comme de la cannelle, de la noix de muscade, du gingembre moulu…
Chaud ou froid, ce stimulant constitue un goûter chaleureux qui réchauffe cœur et corps après une journée froide, ou même un dessert, pour clore un repas exotique.
Son effet stimulant n'a pas été démontré par la science moderne mais si l'on en croit le Kâma Sûtra…

LA CUISINE DU KÂMA SÛTRA ET AUTRES DÉLICES D'ASIE
STIMULATION ET REPOS

" Si vous buvez du
lait où ont infusé des haricots
rouges, du poivre et de la canne
à sucre, et qui a été mélangé
à du sucre, vous devenez aussi
viril qu'un taureau."

❊

TCHAÏ
À MA FAÇON

❊

• EN CUISINE •

20 cl de lait entier
4 cuillères à café de thé en feuilles ou 4 sachets
2 clous de girofle
10 g de gingembre frais
1 cuillère à café de gingembre moulu
3 gousses de cardamome
1 bâton de cannelle
1 pincée de noix de muscade
Du sucre

1.- Écrasez légèrement les gousses de cardamome pour les ouvrir sans les éclater. Pelez le gingembre et coupez-le grossièrement en 3 ou 4 morceaux. Râpez la noix de muscade pour obtenir une pincée. Faites chauffer le lait dans une casserole qu'il ne remplit qu'à moitié.

2.- Jetez le thé et toutes les épices dans le lait. Laissez frémir à feu très doux tout en le surveillant car il commencera à déborder. Lorsque le niveau risque de monter, retirez la casserole du feu ou ajoutez un peu de lait froid. Laissez « cuire » ainsi jusqu'à ce que le mélange prenne une belle coloration brune. Filtrez et servez chaud. Sucrez à votre guise.

• CONSEILS •

Le tchaï, qui signifie tout simplement « thé », est en fait du *masala tchaï* ou thé épicé. Omniprésent en Inde, que ce soit sur les rives du Ganges ou les ruelles de Bombay.
Chacun le prépare comme il l'entend. Il n'y a pas de règle. Vous pouvez l'infuser pendant un temps court ou le laisser mijoter longtemps. Utilisez les épices que vous préférez, ou celles qui inciteraient des envies particulières chez votre partenaire. De préférence communes aux vôtres…

LA CUISINE DU KÂMA SÛTRA
* STIMULATION ET REPOS *
ET AUTRES DÉLICES D'ASIE

ÉLIXIR DE GINGEMBRE

• EN CUISINE •

10 à 40 g de gingembre frais
1 citron
20 cl d'eau
Du miel

1.- Pelez le gingembre et hachez-le grossièrement. Pressez le jus du citron.

2.- Faites bouillir l'eau et ajoutez les morceaux de gingembre. Laissez mijoter à feu doux pendant 15 à 20 minutes, jusqu'à ce que le liquide prenne une couleur ocre pâle. Retirez du feu, ajoutez le jus de citron et le miel. Dosez ces derniers à votre goût.

• CONSEILS •

Dosez la quantité de gingembre selon vos goûts et préférences. Plus vous mettrez du gingembre, plus la boisson sera piquante. Pas à brûler la langue et cracher le feu comme du piment, ni à monter au nez comme la moutarde, mais un peu comme l'ail cru.
Cette boisson est un remède naturel et très efficace quand vous avez pris froid, et que vous sentez un petit rhume qui s'annonce.

LA CUISINE DU KÂMA SÛTRA
* STIMULATION ET REPOS *
ET AUTRES DÉLICES D'ASIE

❄

HUILE PARFUMÉE À LA VANILLE HUILE PARFUMÉE AU GINGEMBRE

❄

• EN CUISINE •

10 cl d'une huile végétale neutre,
sans parfum ni odeur prononcés et agréable au toucher
2 à 3 gousses de vanille
40 à 60 g de gingembre

L'huile parfumée à la vanille : fendez les gousses et grattez-les pour extraire les graines. Mettez graines et gousses dans l'huile. Laissez mariner ainsi pendant au moins une nuit à température ambiante. Filtrez l'huile au moment de l'utiliser.

L'huile parfumée au gingembre : pelez le gingembre et coupez-le en morceaux. Mettez-les dans l'huile et laissez mariner ainsi pendant toute une nuit à température ambiante. Retirez les morceaux au moment de l'utiliser.

• CONSEILS •

Lorsque vous laisserez l'huile se parfumer pendant la nuit et lorsque vous la conserverez pour un usage ultérieur, prenez garde à choisir un récipient hermétique. Sinon, l'huile s'oxydera au contact de l'air.
Selon la force du parfum que vous désirez, dosez la quantité de vanille et de gingembre ainsi que le temps de macération.
Les huiles les plus adaptées sont celles qui ne sont pas très parfumées, comme l'huile de tournesol, de colza, de pépins de raisins, ou encore ces mélanges que vous trouvez dans le commerce sous l'appellation mélange de 4 huiles qui ont l'avantage de n'avoir aucun caractère.
Un filet de ces huiles parfumera vos salades, poissons blancs, viandes blanches, légumes sautés au wok, certains desserts. Vous pouvez également les utiliser pour parfumer du thon blanc dont vous garnirez une biscotte ou un canapé. L'huile de gingembre, mariée à quelques gouttes de sauce soja et du vinaigre de riz vous donne une vinaigrette originale et pleine de piquant.
Mais c'est surtout en amour que ces huiles sont intéressantes. Quelques exemples vont suivre !

LA CUISINE DU KÂMA SÛTRA * STIMULATION ET REPOS * ET AUTRES DÉLICES D'ASIE

MASSAGE À L'HUILE DE GINGEMBRE

• DANS UN LIEU CONFORTABLE •

Pour 1 homme
2 cl d'huile de gingembre
1 cuillère à café

1.- Demandez à votre partenaire de s'allonger nu sur le ventre. Déshabillez-vous entièrement. Prenez une cuillerée à café d'huile dans la paume de votre main. Commencez par lui masser le cou et les épaules : laissez vos mains glisser, bien à plat sur sa peau, en exerçant une légère pression.

2.- Prenez une cuillerée à café d'huile et cette fois, massez le bas du dos, la chute des reins. Continuez ainsi sur les fesses, les cuisses et les mollets. Reprenez de l'huile au besoin.

3.- Votre partenaire devrait être enduit d'huile. Son corps commence à chauffer sous l'effet du gingembre. Asseyez-vous alors à califourchon sur ses reins. Continuez à lui masser le cou, les épaules et le dos, tout en frottant doucement votre sexe contre ses reins. Vous pouvez également vous pencher et lui caresser les omoplates avec vos seins et votre poitrine. Pendant ce temps vos mains peuvent lui masser les bras qu'il tiendra de chaque côté de sa tête.

4.- Retournez-le face à vous, allongé sur le dos. Asseyez-vous, soit à côté de lui, soit sur son ventre mais en lui tournant le dos. Prenez sa verge en érection avec un peu d'huile au besoin. Tenez-la fermement dans votre main à la racine puis laissez glisser doucement mais fermement votre main du bas en haut, puis changez de main. Répétez l'opération plusieurs fois. Vous pouvez accélérer la cadence si vous le désirez.

5.- À ce stade, votre partenaire devrait être sérieusement excité. N'oubliez pas que l'huile est comestible…

Pour éviter de mauvaises surprises, essayez au préalable sur une partie du corps pour tester la sensibilité de la peau.

MASSAGE À L'HUILE DE VANILLE

• DANS UN LIEU CONFORTABLE •

Pour 1 femme
2 cl d'huile de vanille
1 cuillère à café

1.- Demandez à votre partenaire de s'allonger nue sur le dos. Déposez quelques gouttes d'huile sur la pointe de chaque sein. Laissez l'huile couler puis caressez les seins en mouvements circulaires, en commençant par l'extérieur et en décrivant des cercles de plus en plus petits jusqu'à ce que vous arriviez aux tétons. Pincez-les très légèrement et roulez-les entre votre pouce et votre index.

2.- Prenez quelques gouttes d'huile sur vos doigts. À l'aide de vos index et majeur, caressez le haut des cuisses, à l'entrejambe, dans le creux, puis remontez vers le sexe en décrivant des cercles de plus en plus petits sur la vulve sans toutefois toucher le clitoris ni les petites lèvres.

3.- Continuez à vous rapprocher du clitoris, tournez autour sans toutefois le toucher.

4.- Si votre partenaire est suffisamment excitée passez vos deux doigts sur le clitoris, juste pour vous assurer qu'il est bien dur. Normalement il devrait l'être. S'il ne l'est pas, c'est que vous êtes allé trop vite.

5.- Caressez le clitoris, toujours en mouvements circulaires, le plus lentement possible en comptant au moins jusqu'à trois pour faire un tour. Ne le malmenez pas, mais ne l'effleurez pas non plus. La pression des doigts devrait être ferme mais pas trop forte.

6.- Vous pouvez maintenant passer au cunnilingus. N'oubliez pas que l'huile est comestible…

Le massage à l'huile du clitoris était déjà préconisé par les médecins du Moyen-Âge comme remède contre l'infertilité.

RECETTES DE BASE

RIZ
POUR SUSHI

130 g de riz rond japonais
15 cl d'eau
1 ½ cuillère à soupe de vinaigre pour sushi

1.- Si vous disposez d'un cuiseur à riz électrique, faites cuire le riz suivant les indications de l'appareil.
2.- Sinon, versez le riz dans un grand saladier que vous remplirez d'eau. Remuez avec les doigts puis égouttez. Répétez l'opération jusqu'à ce que l'eau de lavage devienne claire (4 ou 5 fois). Mettez le riz dans une casserole ou cocotte à fond épais. Ajoutez l'eau. Couvrez et portez à ébullition à feu vif. Baissez le feu à la puissance minimale et laissez cuire doucement pendant une dizaine de minutes. Retirez du feu et laissez reposer, toujours couvert, pendant 10 minutes. Surtout ne soulevez pas le couvercle pendant la cuisson, le riz doit finir de gonfler à la vapeur.
3.- Lorsque le riz est cuit, transvasez-le dans un grand récipient, de préférence assez plat pour que vous puissiez bien étaler le riz. Versez le vinaigre pour sushi sur le riz avec une cuillère à soupe, petit à petit, tout en éventant avec un journal et en remuant soigneusement avec une spatule ou une cuillère en bois mouillée pour bien répartir l'assaisonnement dans le riz sans en casser les grains.
(Si jamais vous ne disposez pas de vinaigre pour sushi, mélangez 1 ½ cuillère à soupe de vinaigre de riz, ¾ cuillère à soupe de sucre, ½ cuillère à café de sel, jusqu'à dissolution complète du sucre.)

CUISSON DU RIZ
GLUANT THAÏLANDAIS

Le riz gluant thaïlandais se cuit assez bien à la cocotte à riz électrique, mais il est bien meilleur cuit selon la méthode traditionnelle.

1.- Après avoir rincé le riz, laissez-le tremper dans de l'eau pendant au moins une demi-journée. Égouttez-le et placez-le dans un torchon que vous déposerez délicatement dans un panier en bambou.
2.- Faites bouillir de l'eau dans une casserole profonde, idéalement un couscoussier. Assurez-vous d'avoir la quantité d'eau nécessaire pour bouillir continuellement pendant 45 minutes. Placez le panier de bambou sur la casserole en veillant à ce qu'il ne touche pas l'eau. Fermez le torchon et couvrez le panier avec un couvercle ou une assiette. Laissez cuire le riz ainsi, à la vapeur pendant 45 minutes. Vérifiez la texture : le riz doit être cuit à cœur, avec une certaine élasticité. Retirez immédiatement le riz du torchon, et servez chaud.

PÂTE DE CURRY THAÏLANDAIS VERT

7 à 10 petits piments asiatiques frais
2 cuillères à soupe de citronnelle émincée
1 cuillère à café de racine de coriandre émincée
1 cuillère à soupe d'échalote émincée
1 cuillère à café de galanga émincé
1 cuillère à café de graines de coriandre moulue
1 cuillère à café de graines de carvi moulu
1 cuillère à café de sel
1 cuillère à café de pâte de crevettes
(en vente dans les épiceries asiatiques)

1.- Faites revenir dans une poêle tous les ingrédients sauf la pâte de crevettes.
2.- Ajoutez la pâte de crevettes et passez le tout au mixer avec quelques gouttes d'eau ou au mortier et pilon jusqu'à obtention d'une pâte.

PÂTE DE CURRY THAÏLANDAIS ROUGE

2 cuillères à soupe de carvi
1 cuillère à café de graines de coriandre
7 à 10 piments rouges séchés
½ cuillère à café de zeste de combava
1 cuillère à café de sel
2 cuillères à soupe de citronnelle émincée
1 cuillère à soupe de galanga émincé
1 ½ cuillère à soupe d'échalote émincée
1 cuillère à soupe d'ail émincé
1 cuillère à soupe de pâte de crevettes
(en vente dans les épiceries asiatiques)

1.- Faites revenir dans une poêle sans matières grasses le carvi et la coriandre sur feu doux. Laissez refroidir puis passez-les au mixer à épices ou au mortier et pilon.
2.- Épépinez les piments. Trempez-les dans l'eau froide puis écrasez-les finement avec le sel.
3.- Ajoutez les autres ingrédients. Passez le tout au mixer à épices ou au mortier et pilon jusqu'à obtention d'une pâte.

Les pâtes de curry thaïlandais s'achètent toutes prêtes, mais elles sont très pimentées. Si vous les faites vous-même, vous pouvez doser la quantité de piment.

MÉLANGE D'ÉPICES TANDOORI

40 g de coriandre moulue
30 g de cumin moulu
40 g d'ail en poudre
40 g de paprika
20 g de gingembre moulu
20 g de menthe séchée et moulue
20 g de noix de muscade râpée
10 à 20 g de chili en poudre

1.- Mélangez toutes les épices et ajoutez un peu d'eau, juste ce qu'il faut pour obtenir une pâte épaisse.
2.- Pour utiliser cette pâte de tandoori, faites chauffer une noix de beurre et revenir la pâte jusqu'à ce que la graisse se sépare de la pâte et flotte en surface. Le parfum qu'elle dégage embaumera votre cuisine et vous piquera les yeux.

CRÈME ANGLAISE

30 cl de lait
1 gousse de vanille
3 jaunes d'œufs
60 g de sucre

1.- Versez le lait dans une casserole. Ouvrez et grattez la gousse de vanille puis ajoutez celle-ci au lait. Faites chauffer sur feu doux. Laissez infuser pendant 10 minutes, puis portez à ébullition. Enlevez la gousse de vanille.
2.- Dans un saladier, fouettez vigoureusement les jaunes d'œufs et le sucre jusqu'à ce que le mélange blanchisse. Versez la moitié du lait bouillant sur le mélange d'œuf, tout en fouettant. Reversez ce mélange dans la casserole de lait et faites-le épaissir sur feu moyen en remuant constamment. Ne faites pas bouillir. Mélangez avec une spatule en bois, en grattant bien les parois de la casserole pour éviter la formation de grumeaux. Filtrez la crème dans une passoire à maille fine. Laissez refroidir.

RECETTES DE BASE

RECETTES DE BASE

TABLE DES RECETTES

LEXIQUE

Agar-agar : algue utilisée comme gélifiant en Asie. Texture moins élastique que la gélatine. Acalorique (ou presque).

Appareil de cuisson à la vapeur : la vapeur produite par un cuit-vapeur électrique est souvent trop faible pour une cuisson efficace. Un couscoussier ou un panier dans une casserole d'eau bouillante à gros bouillons sont recommandés. L'eau ne doit pas toucher l'aliment.

Badiane ou anis étoilé : fruit séché du badinier de Chine, en forme de fleur ou étoile, d'où son nom vernaculaire d'anis étoilé. Parfum proche de l'anis.

Baie de goji : petite baie rouge orangée, légèrement sucrée. En Asie, on lui attribue d'importantes vertus médicinales. Riche en vitamines, minéraux et oligoéléments. Source importante d'antioxydants.

Bambou : les pousses, consommées principalement en Asie, sont commercialisées en France, entières, en lamelles ou en fins bâtonnets.

Curaçao bleu : liqueur incolore obtenue à partir d'un agrume cultivé dans l'île de Curaçao, des Antilles néerlandaises. Elle est colorée en bleu ou orange.

Bœuf séché vietnamien : préparation de bœuf, pimenté, sucré et séché. Vendu dans les épiceries asiatiques.

Cannelle : écorce intérieure du cannelier de Ceylan (Sri Lanka). Prisée depuis l'Antiquité pour divers usages, comme épice depuis le Moyen Âge en Europe.

Cardamome : fruit séché d'une herbacée à rhizome. Vendue entière pour éviter la perte du parfum des graines qu'elle contient.

Carvi : plante cultivée dans de nombreuses régions du monde pour ses feuilles et ses graines. Proche du fenouil, de l'anis et de l'aneth.

Chapati : pain indien plat en forme de galette à base de farine complète non levée. Son épaisseur et sa consistance varient selon les régions. Cuit au tandoor (voir plus bas).

Chili : mélange d'épices (piment, paprika, cumin, origan, girofle, etc.) utilisé dans la cuisine mexicaine.

Citronnelle : plante herbacée tropicale, cultivée pour ses tiges et feuilles aromatiques. Son arôme est proche de celui du citron mais plus fleuri. Très utilisée dans la cuisine thaïlandaise.

Clitoris : organe sexuel féminin qui correspond au gland chez l'homme, possède une vascularisation importante qui le rend érectile. C'est l'organe le plus sensible chez l'humain avec 8000 terminaisons nerveuses (le gland du pénis n'en a que 6000). Sa partie visible est petite et fait moins de 1 cm, mais ses racines entourent le vagin jusqu'à une profondeur de 10 cm. Lorsqu'il est stimulé, il déclenche la lubrification et l'ouverture du vagin, d'où l'instinct chez le mammifère de lécher la vulve pour permettre l'entrée du pénis.

Clou de girofle : bouton séché du giroflier originaire d'Indonésie, utilisé par les Chinois avant l'ère chrétienne pour ses vertus médicinales et culinaires.

Combava, cumbawa ou makrut : agrume originaire d'Inde, le fruit est vert à la peau rugueuse. On utilise les feuilles pour parfumer de nombreux plats en Asie du Sud-Est.

Coriandre : herbacée dont on utilise la racine, les feuilles et les fruits, que l'on appelle à tort « graines ». La feuille et le fruit ont des arômes très différents.

Cumin : depuis l'Antiquité l'épice des riches. Herbacée originaire du Sud du bassin méditerranéen, dont on utilise le fruit séché. L'huile essentielle est narcotique à hautes doses et a été utilisée comme telle par les femmes des harems indiens.

Curcuma : herbacée dont on utilise le rhizome séché réduit en poudre, au parfum prononcé. Il colore les préparations culinaires en un jaune vif et aurait un effet bénéfique contre le cancer.

Curry : du mot hindi *kari*, qui signifie « ragoût » ou « sauce », vulgarisé par les Anglais pour désigner tous les plats indiens en sauce. Ne désigne aucun plat en Inde. Le curry thaïlandais, chinois, japonais et les « curry » indiens sont très différents en composition et saveurs, leur seul point commun étant qu'ils sont souvent accompagnés de riz et qu'ils sont plus ou moins épicés.

Daïkon : également appelé radis blanc ou long, cousin asiatique du radis noir mais à la saveur et texture plus douce et moins fibreuse. Se consomme cru ou cuit.

Dashi : bouillon de base de la cuisine japonaise, notamment de la soupe miso. Il peut être fait avec du katsuo-bushi (voir plus bas), de l'algue kombu, des petits poissons ou des champignons shiitaké séchés, etc. Pour faire un dashi maison : porter à ébullition 60 cl d'eau, y jeter 20 g de katsuo-bushi et retirer aussitôt du feu. Attendre que le katsuo-bushi soit descendu au fond de la casserole, puis filtrer dans une toile fine.

Enoki : champignon japonais de couleur jaune pâle presque blanche, avec un long pied fin et un chapeau rond.

Fenouil : herbacée dont on utilise les graines dans la cuisine indienne et méditerranéenne. Leur arôme est proche de celui des graines d'anis.

Frein : *frenulum*, élément anatomique du pénis. La languette de peau qui retient le prépuce à la face intérieure du gland. Partie la plus sensible du pénis.

Galanga : ou *kha*, rhizome originaire d'Indonésie, réputé comme aphrodisiaque. Entre dans la composition de nombreux plats d'Asie du Sud-Est. Ressemble physiquement au gingembre mais très différent en arôme.

Ghee ou ghî : beurre clarifié qui ne contient plus que des lipides, utilisé comme huile dans la cuisine indienne.

Gingembre : rhizome un peu piquant et très parfumé lorsqu'il est frais. En poudre, ses arômes sont très différents, son parfum très faible.

Ginseng : racine très réputée pour ses propriétés médicinales. Il permet une meilleure résistance aux stress divers, tonifie l'organisme fatigué. Anti-inflammatoire et antioxydant puissant, le ginseng cultivé en Corée est le plus prisé.

Gland : partie supérieure de forme arrondie du pénis, très sensible, moins toutefois chez les sujets circoncis.

Haricot azuki : petit haricot rouge japonais, utilisé essentiellement dans la composition de mets sucrés.

Haricot de soja : graine de la plante, riche en protéines et pauvre en lipides et glucides. Se consomme dans toute l'Asie orientale sous diverses formes très variées. Ne pas confondre avec les pousses ou germes de soja qui sont celles des haricots mungo ou verts.

Katsuo-bushi : bonite séchée râpée, utilisée dans la cuisine japonaise comme condiment, assaisonnement ou comme base pour faire le dashi.

Lait de coco : souvent confondu avec le jus ou eau que contient le fruit. Pulpe de la noix de coco râpée, soit pressée pour en extraire le liquide, soit infusée dans de l'eau. Commercialisé sous forme de boîtes ou de brick.

Masala : littéralement « mélange » en hindi, il désigne souvent un mélange d'épices.

Mirin : liquide obtenu à partir du saké, très doux et utilisé dans la cuisine japonaise à la place du sucre.

Miso : pâte d'origine japonaise fermentée composée de haricots de soja, plus ou moins de riz, de sel et d'eau. Existe en plusieurs variétés selon la provenance, les principales étant le miso rouge (assez salé), noir (très salé et un peu amer), blanc (très doux). C'est le composant principal de la soupe miso.

Nan : pain indien levé et plat, plus épais que le chapati, souvent en forme de triangle allongé. Originaire d'Afghanistan, il est aujourd'hui répandu au Moyen Orient grâce à l'efflux d'immigrés pakistanais. Cuit au tandoor.

Nori : algue porphyra vendue sous forme de grands carrés secs, très sensibles à l'humidité. Le parfum et la texture diffèrent énormément selon la qualité.

Nuoc-mam (vietnamien) ou nam pla (thaïlandais) : sauce faite à partir de la macération d'anchois dans la saumure. Très salée, elle est utilisée dans toute l'Asie du Sud-Est comme assaisonnement.

Œuf de lompe : succédané du caviar, son goût diffère complètement de ce dernier, mais son coût est plusieurs fois moindre. Il est coloré en rouge ou en noir.

Pâte de crevettes : *terasi* en indonésien, *kapi* en thaïlandais, *mam tom* en vietnamien, etc. Condiment utilisé en Asie du Sud-Est, composé de crevettes pilées, fermentées et séchées. Très compacte, elle ne se consomme pas telle quelle mais entre dans la composition de diverses préparations.

Piment ou poivre de la Jamaïque ou quatre-épices : fruit séché ainsi nommé car il présente plusieurs arômes rappelant celui du poivre, du clou de girofle, de la cannelle et de la muscade. Ressemble au poivre noir en plus gros.

Piment rouge, vert : les piments utilisés dans ce livre sont les petits piments asiatiques vendus frais ou séchés dans les épiceries asiatiques. Les verts sont plus forts et piquants que les rouges, bien que les deux variétés restent beaucoup plus fortes que les plus gros piments.

Poivre de Sichuan : épice asiatique très parfumée composée de la coque extérieure d'un fruit de la famille des agrumes. Très utilisé dans la cuisine sichuanaise, il procure une sensation d'irritation et de picotement dans la bouche mais ne brûle pas comme le piment.

Raifort : plante vivace cultivée pour sa racine, utilisée dans la cuisine d'Europe centrale et orientale, ainsi qu'en Angleterre comme condiment. Lointain cousin du wasabi japonais, il pique au nez comme la moutarde, ne brûle pas comme le piment.

Riz gluant : variété de riz glutineux, souvent utilisé en Asie du Sud-Est pour la composition des desserts. Il se consomme également nature, cuit à la vapeur.

Riz japonais : riz de cépage japonais. Il est rond, un peu collant, peu parfumé et doux. Disponible dans les épiceries japonaises, importé du Japon à des prix très élevés. Les restaurants japonais en France utilisent le riz de cépage japonais mais cultivé en Californie. Moins doux que celui importé du Japon, il est beaucoup plus abordable. Il en existe des qualités très diverses. Le riz commercialisé sous l'appellation « riz pour sushi » est en fait tout simplement du riz japonais, souvent de mauvaise qualité. Il n'existe pas à proprement parler du riz spécifique au sushi.

Riz noir de Vénus ou riz *venere* : riz interdit des empereurs chinois pour ses propriétés dites aphrodisiaques d'où son nom associé à Vénus, déesse de l'amour. Aujourd'hui cultivé en Italie.

Saké : alcool de riz japonais avec une teneur en alcool de 14° environ. L'alcool fort chinois servi dans les restaurants chinois en France n'est pas du saké, ce nom étant utilisé pour sa plus grande reconnaissance et facilité de prononciation.

Sambal oelek ou ulek : condiment de piment rouge frais écrasé additionné de sel et parfois d'ail. Principalement utilisé en Indonésie et Malaisie. Vendu en bocaux.

Sauce soja : sauce faite à partir de haricots de soja et de sel, très parfumée, elle perd vite son parfum pour ne laisser qu'un goût salé légèrement fumé. Assaisonnement de base en Asie du Nord (Chine, Corée, Japon), la sauce soja est néanmoins présente dans toute l'Asie orientale, chaque pays ayant sa propre version. La plus répandue est la sauce soja japonaise non sucrée. Les sauces sucrées, parfois commercialisées sous l'appellation « sauce soja pour sushi » ne sont vendues qu'en dehors du Japon.

Sésame noir ou blanc : graines riches en calcium, meilleures torréfiées dans une poêle sèche avant usage pour raviver goûts et parfums. Écrasées, leur huile et leur pulpe forment une pâte.

Shiitaké : parfois appelé champignon chinois, il est vendu frais ou séché. Séché, il est plus parfumé que frais, mais nécessite un trempage dans l'eau jusqu'à ramollissement avant usage.

Sucre pétillant : une préparation à base de sucre qui a la particularité de pétiller en bouche. Peu disponible dans le commerce, on le trouve chez les grossistes spécialisés en pâtisserie ou sur les sites Internet.

Tandoori : se dit d'une préparation cuite au tandoor, le four traditionnel du subcontinent indien fait d'argile. Aujourd'hui désigne surtout dans les pays occidentaux une viande assaisonnée et marinée dans un mélange de yaourt et d'épices.

Tanuki : animal de la mythologie japonaise, qui change de forme à volonté et joue des tours aux humains. Bon vivant, il est généralement représenté avec une gourde de saké à la main, un gros ventre rebondi, un chapeau pointu en paille et un gros appareil génital avec des testicules impressionnants. Héros du film animé *Pompoko* de Hayao Miyazaki, il est inspiré du chien viverrin ou du blaireau et fait partie des esprits de la forêt.

Thé matcha : thé vert japonais en poudre fine qui contient l'un des taux de théine les plus élevés de tous les thés.

Tofu : pâte solide faite à partir de haricots de soja. Le liquide extrait du soja qu'on appelle communément « lait de soja » est solidifié par l'ajout de magnésium. Le tofu « de soie » japonais, filtré dans la soie, d'où son nom, donne la texture la plus fine semblable à celle d'une crème caramel.

Verge : synonyme du pénis, se dit aussi d'une baguette qui sert notamment à corriger, également d'un bâton.

Vermicelles transparents : vermicelles faits à partir de haricots de soja vert ou mungo, ils sont vendus sous forme de « nid ». Ils deviennent translucides à la cuisson et n'ont pas beaucoup de goût mais une agréable texture glissante. À ne pas confondre avec les vermicelles de riz.

Vinaigre pour sushi : préparation toute prête pour assaisonner le riz de sushi,vendue en bouteilles ou en poudre.

Wasabi : plante japonaise principalement connue pour sa racine râpée, prisée pour son parfum frais et non son piquant. Elle est plus répandue sous forme de poudre ou pâte en tube : piquante au nez mais sans aucun parfum, celle-ci contient du raifort et très peu de vrai wasabi.

BONNES ADRESSES

Chinois / Vietnamien / Thaïlandais

Tang Frères : 48, avenue d'Ivry – 75013 Paris
Paris Store plusieurs magasins en France,
(*www.paris-store.com*)

Indien

Vs.CO : 197, rue du Faubourg Saint-Denis – 75010 Paris
Gopal and Co : 72, rue Louis Blanc – 75010 Paris
Plusieurs boutiques dans le Passage Brady – 75010 Paris
et dans le quartier indo-pakistanais à côté du métro La Chapelle
Et sur Internet : *www.jds-market.com - www.jetspice.fr*

Japonais

Kioko : 46, rue des Petits Champs – 75002 Paris *(www.kioko.fr)*
Workshop Issé : 11, rue Saint-Augustin – 75002 Paris
(*www.workshop-isse.fr*)

Coréen

Ace Mart : 63, rue Sainte-Anne –75002 Paris

Épices

Izraël : 30, rue François Miron – 75004 Paris
La Grande Épicerie de Paris (Le Bon Marché) :
38, rue de Sèvres –75007 Paris

SOURCES ET BIBLIOGRAPHIE

Les textes du Kâma Sûtra et sources des citations

Ne lisant pas moi-même le sanskrit, j'ai été surprise de découvrir la variété des traductions du Kâma Sûtra, dont aucune n'est identique à une autre, certaines contradictoires et d'autres encore incomplètes. Je suis donc revenue aux sources : les premières traductions en langues anglaise et française qui semblent être les versions de référence en la matière, notamment la traduction de Richard F. Burton.
J'ai pris la liberté de les interpréter librement, dans les extraits des pages suivantes : 16, 20, 30, 34, 38, 42, 54, 58, 62, 66, 70, 82, 86, 100, 104, 108, 112, 126, 134, 144, 148, 152, 156, 166, 180, 184, 188 et194.

- *The Kama Sutra of Vatsyayana*, traduit du sanskrit en sept parties avec une préface, une introduction et une conclusion ; traduction de Sir Richard Francis Burton, Shivaram Parashuram Bhide et Bhagavanlal Indrajit, publication privée en 1876.

- *Théologie hindoue : Le « Kama Soutra », règles de l'amour de Vâtsyâyana (morale des brahmanes)*, traduction de Pierre-Eugène Lamairesse, Paris, éd. G. Carré, 1891.

- *Kâma Sûtra*, traduction et présentation par Alain Daniélou, Paris, GF Flammarion, 1999. (Citations pages 24, 46, 74, 90, 116, 160, et 174.)

- *Kâmasûtra*, Vâtsyâyana Mallanâga, traduction de la version anglaise du sanskrit commentée et annotée par Wendy Doniger et Sudhir Kakar, traduit en français par Alain Porte, Paris, Seuil, 2007. (Citations pages 78, 120, 138, 170 et 202.)

Pour la cuisine

- *Hot cuisine des aphrodisiaques : plus de 30 plantes et leurs vertus stimulantes et gastronomiques*, Elda Tomasini, Paris, De Vecchi, 2009.

- *Cooking Thai food in American kitchens*, Malulee Pinsuvana, Thaïlande, Watana Panich Press, 1990.

- *Vietnamese cooking*, Paulette Do Van, Londres, Apple Press, 2000.

- *Hayane hayaoki sankai shoku*, Tokyo, éd. Fujin no Tomo, 1992.

- *The Best of Lord Krishna's Cuisine: Favorite Recipes from The Art of Indian Vegetarian Cooking*, Yamuna Devi, États-Unis, Plume (Penguin Group), 1991.

REMERCIEMENTS

À Marianne Magnier-Moreno, une superbe cuisinière et pâtissière qui a non seulement réalisé les desserts de ce livre, mais qui m'a appris comment faire une banane enrobée de chocolat, un caramel ou, encore plus important, comment nettoyer la casserole après. Si un jour je réussis un gâteau, ce sera grâce à elle.
À Lala Andrianarivony, pour son sens du style, de l'élégance, du chic, que je n'ai pas et n'aurai jamais, et pour les kilomètres qu'elle a parcourus à la recherche de vaisselle et jolis sex-toys.
À Richard Haughton, pour son travail toujours au sommet de l'excellence et sa patience pendant les prises de vues, seul élément masculin entouré de « nanas ».
À Sylvie Pipponiau, qui a passé des nuits à lire, critiquer et annoter mes textes tout en exerçant son métier d'analyste financier pendant la journée.
À Fabienne Kriegel, qui a toujours des idées de génie en un éclair de seconde.
À Valérie Tognali, pour sa patience et sa politesse toujours souriantes, face à un auteur qui la harcèle le dimanche chez elle.
À Sabine Houplain, la seule qui est aussi franche que moi mais qui rit toujours même sous le stress.
À Françoise Mathay, pour sa rigueur sans faille. Sans elle ce livre n'aurait jamais vu le jour.
À Marie Marin, la seule qui a vraiment lu le Kâma Sûtra.
À Ximena Riveros, à qui je dois un si bel ouvrage, sérieux et sexy, à son image…
À mon époux, dont les bijoux de famille ont été maintes fois mis en péril par mes expérimentations intempestives.

Les éditions du Chêne remercient : Poulain et Proust, Zmirov Communication, Gargantua, Mat & Jewski, L'Orfèvrerie d'Anjou, Le boudoir de Marie, 1969 : curiosités désirables, Triumph, Potiron, Christofle, Atelier Le Tallec (porcelaine peinte à la main 93/95 avenue Daumesnil 75012 PARIS) et Madura.

Responsable éditoriale : Valérie Tognali
Suivi éditorial : Françoise Mathay
Relecture-correction : Joyce Briand
Direction artistique : Sabine Houplain
Conception et réalisation graphique : Ximena Riveros
Fabrication : Amandine Sevestre
Partenariat et ventes directes : Claire Le Cocguen
clecocguen@hachette-livre.fr

Photogravure : APS Chromostyle
Achevé d'imprimer en Chine
Dépôt légal : février 2011
978-2-81230-371-5 34/2533/7 – 01